COUR DES PAIRS.

AFFAIRE LAITY.

RAPPORT

FAIT A LA COUR

PAR M. LAPLAGNE-BARRIS.

ARRÊT

DU JEUDI 28 JUIN 1838.

ACTE D'ACCUSATION.

INTERROGATOIRES.

RÉQUISITOIRE.

PROCÈS-VERBAL

DES SÉANCES QUI ONT EU LIEU POUR LE JUGEMENT DE CETTE AFFAIRE.

PARIS.

IMPRIMERIE ROYALE.

M DCCC XXXVIII.

COUR DES PAIRS.

AFFAIRE LAITY.

RAPPORT

FAIT A LA COUR

PAR M. LAPLAGNE-BARRIS.

COUR DES PAIRS.

SÉANCE DU 28 JUIN 1838.

RAPPORT

Fait à la Cour, par M. LAPLAGNE-BARRIS, l'un des commissaires[1] chargés de l'instruction du procès déféré à la Cour des Pairs par ordonnance royale du 21 juin 1838.

Messieurs,

D'après la loi du 9 septembre 1835, les attentats à la sûreté de l'État, définis par ses articles 1er, 2 et 5, et commis par la voie de la presse, peuvent être déférés à la Chambre des Pairs.

Près de trois années se sont écoulées depuis la promulgation de cette loi, et l'on pouvait se féliciter de ce que, dans cet intervalle, il n'y avait eu aucune publication qui présentât au Gouvernement assez de criminalité, assez de gravité, pour recourir à votre haute juridiction.

---

[1] Les commissaires étaient MM. le duc Decazes, le comte de Bastard, Girod (de l'Ain) et Laplagne-Barris, commis par M. le Président.

1.

Mais les passions politiques ne sont pas toutes apaisées : vainement le passé a démenti de coupables espérances; elles survivent, chez quelques hommes, à la défaite de leur parti; et notre constitution et notre monarchie peuvent encore être en butte à de vives attaques.

Une publication récente a été considérée par le Gouvernement, comme étant de nature à motiver l'application de l'attribution de compétence et des dispositions pénales qui résultent de la loi précitée. Une ordonnance du Roi, en date du 21 du présent mois, a saisi la Chambre des Pairs.

Nous avons, Messieurs, à vous rendre compte de l'instruction à laquelle il a été procédé par M. le Chancelier, en vertu de l'arrêt que vous avez rendu le même jour.

Le texte entier de l'écrit qui vous est déféré et les circonstances qui se rattachent à son auteur, reportent vos souvenirs sur la révolte qui éclata à Strasbourg, le 30 octobre 1836. Jusqu'alors, le Gouvernement fondé en juillet avait eu à soutenir une lutte incessante contre deux partis, profondément divisés par leur origine et par le but définitif qu'ils veulent atteindre, mais presque toujours unis pour opérer, comme mesure préliminaire, la destruction de nos institutions. Les événements de Strasbourg révélèrent l'existence d'un troisième parti qui venait essayer d'ajouter de nouvelles chances de bouleversement pour la patrie, à celles que s'efforçaient de faire naître chaque jour les deux factions qui avaient été, jusqu'à ce moment, seules menaçantes.

La Cour sait que le prince *Louis Napoléon*, saisi au milieu des rebelles, dont il dirigeait l'entreprise, fut l'objet d'un acte de haute clémence.

On pouvait espérer que sa reconnaissance lui impo-
serait, dans l'avenir, une ligne de conduite que la
raison et la loyauté auraient dû lui tracer dans le passé.

Les hommes qui se dévouèrent au prince *Louis*, en
octobre 1836, ont-ils tous renoncé à leurs folles espérances, à leurs pernicieux projets? C'est un point sur
lequel l'instruction actuelle peut fournir quelques
lumières.

François-Armand-Rupert Laity, prévenu, est un
des officiers sur lesquels a pesé, à l'occasion des événements de Strasbourg, l'accusation de haute trahison.

Il était lieutenant au corps des pontonniers; ce fut
lui qui, suivant l'expression dont il s'est servi (page
57 de sa brochure), *enleva ses soldats*, et marcha à
leur tête sur le quartier Finckmatt, au secours du
prince qui s'efforçait, mais en vain, d'entraîner dans
sa rebellion le 46e régiment d'infanterie.

Après son acquittement, il se rendit à Paris, où il
séjourna six semaines. De là il passa à Lorient, lieu de
sa naissance. Il y aurait résidé trois mois. Sa démission
du grade de lieutenant d'artillerie fut acceptée par le
Roi, suivant une lettre du ministre de la guerre, du
26 mai 1837. Depuis le mois de janvier dernier jusqu'aux derniers jours de mai, il a séjourné à *Arenemberg*, auprès du prince *Louis*. (*Interrogatoires des
22 et 25 juin.*)

Vers le milieu de juin présent mois, une brochure
intitulée : «*Relation historique des événements du
«30 octobre 1836; — Le prince Napoléon à Strasbourg,
«par M. Armand Laity, ex-lieutenant d'artillerie, an-
«cien élève de l'école polytechnique,*» fut répandue avec
profusion dans Paris. Des renseignements parvenus
au Gouvernement lui firent connaître que la distribu-

tion de ce même écrit avait lieu dans d'autres villes de France, et il paraissait que, nulle part, il n'était mis en vente.

Le réquisitoire de M. le Procureur général à la Cour des Pairs fait connaître les motifs, puisés dans la teneur de cet imprimé, qui, le 21 juin, déterminèrent la saisie de tous les exemplaires qui purent être découverts, par suite de recherches faites chez l'imprimeur, le sieur *Thomassin*, demeurant rue Saint-Sauveur, n° 30, et chez d'autres personnes. Huit exemplaires seulement furent trouvés chez le sieur *Thomassin :* il déclara qu'il avait fait livraison, il y avait quatre ou cinq jours, au sieur *Laity* lui-même, des brochures au nombre de cinq mille exemplaires.

Le même jour, 21 juin, dans une seconde perquisition, Thomassin représenta ses livres, qui offraient les mentions suivantes : «Du 11 juin 1838. D. A. Laity, «Relation des événements du 30 octobre 1836; in-8°, «6 f., En cicéro, à 7 mille exemp.»

A un autre feuillet : «D. A. Laity, 2ᵉ tirage, à 3,000 «ex. de la Relation des événements du 30 octobre 1836. «14 juin.»

A un troisième feuillet : «Du 14 juin 1838. A. Laity, «espèces à valoir, 2,750.»

L'imprimeur persista à déclarer, nonobstant la mention de son livre-journal, qu'il n'avait réellement tiré que cinq mille exemplaires qui avaient été brochés chez le sieur *Perrottet,* lequel en avait fait la remise, suivant ses ordres, à *Laity.*

Ce dernier avait été arrêté dans la matinée du 21 juin, rue Feydeau, n° 30, dans une maison dont le propriétaire donne à loyer des appartements meublés. Il y résidait depuis le 4 juin; il avait, en entrant dans cette maison, payé pour quinze jours le prix de son logement, en annonçant qu'il croyait ne pas y faire un plus long séjour. Il résulte des déclarations du portier et de sa femme, que *Laity* recevait peu de visites : le sieur *Lombard,* qui prend le titre d'ancien aide-de-camp du prince *Napoléon,* paraissait plus particulièrement lié avec *Laity* et venait presque tous les jours. Le 21 juin, vers dix heures du matin, *Lombard* se présenta à l'hôtel, et apprenant que *Laity* avait été arrêté, il *demanda précipitamment* au portier de le laisser monter dans la chambre, ce qui lui fut refusé. Au moment de l'arrestation, *Laity* dit au portier d'aller en informer M. *Félix Desportes,* demeurant rue Laffitte, n° 6, qui, sur cet avis, dit, sans témoigner d'étonnement : «Je le lui avais bien dit. Eh bien! je m'occu-«perai de lui ce matin.» (*Déposition de Soubriez.*)

Nous devons faire observer à la Cour, avant de passer à des détails qui ont peut-être plus d'importance, que la déclaration de M. le baron *Félix Desportes,* ancien préfet, n'est pas entièrement d'accord avec celle de *Soubriez.* Il a dit que, vers le 15 ou le 18 juin, un jeune homme qu'il ne connaissait pas alors, et qui est le sieur *Laity,* s'était présenté à lui, et lui avait apporté des nouvelles et des compliments du prince *Louis;* qu'il ne fut nullement question entre eux de la publication de l'écrit incriminé; qu'averti par le portier *Soubriez* de l'arrestation de *Laity,* il n'avait pas tenu le propos rapporté plus haut; qu'il s'était seulement occupé de savoir si le prisonnier n'éprouvait pas quelques besoins.

Laity, dans son second interrogatoire, a déclaré que ses relations avec M. Félix *Desportes,* qu'il avait connu à Paris, dataient de plus d'un an.

Les déclarations du sieur *Lombard*, qui a été compromis dans l'affaire de Strasbourg, et qui assure qu'il ne s'occupe plus de politique et qu'il est tout entier à l'étude de la médecine, n'ont fourni aucun renseignement utile. La perquisition faite chez lui le 23 juin n'a produit aucun résultat.

Le sieur *Soubriez* a déclaré qu'il n'avait pas vu entrer chez *Laity* des ballots d'imprimés, ni des liasses plus ou moins considérables de livres; qu'une seule fois il avait vu *Laity* sortant avec deux paquets de brochures semblables à celle qui a été saisie; mais qu'il ne se rendait pas compte de l'instant où *Laity* avait pu les introduire dans sa chambre.

Le brocheur *Perrottet*, demeurant rue Cassette, n° 22, avait été chargé par *Thomassin* de faire brocher les imprimés. Il a déclaré en avoir reçu dix mille. C'est *Laity* qui est venu avec un commissionnaire demeuré inconnu chercher à diverses reprises les ballots. Les derniers ont été emportés le dimanche 17. *Laity* avait autorisé les ouvriers de *Perrottet* à conserver chacun un exemplaire de la brochure, ce qu'ils n'auraient pas fait. L'instruction n'a pas fourni de lumières sur le lieu de dépôt de ces brochures, lieu qui a été sans doute le point de départ des distributions.

On saisit chez *Laity* diverses pièces dont il sera ultérieurement rendu compte, et en outre deux cent six exemplaires de la brochure, un billet du sieur *Éverat*, imprimeur, annonçant le refus d'imprimer l'écrit; deux notes contenant beaucoup de chiffres, et dont une présente, de l'aveu de *Laity*, des indications relatives à la distribution de la brochure.

Il fut opéré trois autres saisies : l'une de deux cents exemplaires, chez le portier de la maison où logeait

Laity. Nous ferons connaître plus tard les circonstances de cette saisie. Une autre, de cent quarante-huit exemplaires, chez le sieur *Landois*, libraire, rue Hautefeuille, n° 14. La troisième, de trente exemplaires, chez le sieur *Saint-Edme*, homme de lettres.

On a vu que le 21 juin *Thomassin* avait déclaré, par deux fois, qu'il n'avait livré à *Laity* que cinq mille exemplaires. Interrogé sur mandat de comparution le lendemain, il reconnut, conformément aux énonciations de son livre-journal, aux déclarations de *Perrottet* et aux aveux de *Laity*, qu'il en avait imprimé et livré dix mille exemplaires, et qu'il en avait reçu le prix montant à 4,250 francs.

La note trouvée chez *Laity* contient notamment les mentions suivantes :

>   2,800 par porteurs,
>   650 *Saint-Edme.*
>   400 *Toulouse.*
>   50 *Blois.*
>   25 *Marseille.*
>   100 *Belmontet.*
>   100 *Laity.*
>   100 Le général *Vaudoncourt.*
>   50 *Felix Desportes.*
>   50 *Lequet.*
>   50 *Thomassin.*

Il y a, en addition, d'autres nombres plus élevés. Quelques-uns des nombres ci-dessus mentionnés sont barrés.

On a entendu le général *de Vaudoncourt*, les sieurs *Saint-Edme* et *Belmontet ;* le premier a déclaré qu'il ne connaissait pas *Laity* et qu'il n'avait reçu aucune brochure.

Le sieur *Belmontet*, homme de lettres, n'a vu *Laity* que deux fois. Il a reçu quatre exemplaires seulement de la brochure, et il ignore s'il les a reçus de *Laity* ou d'un autre. Il ajoute que l'écrit ne lui a pas été communiqué avant sa publication, et qu'il a même été étonné que l'on ne lui en eût pas parlé.

Le sieur *Saint-Edme*, aussi homme de lettres, déclare qu'un commissionnaire apporta chez lui un paquet d'imprimés, le 16 juin, et ne put lui dire le nom de la personne qui les envoyait; il y en avait environ cinquante. Il en remit quelques-uns à des amis et à des officiers supérieurs attachés au ministère de la guerre. Il a ouï dire que le matin même de la saisie, cette brochure avait été répandue gratuitement dans Paris : on lui a cité notamment un porteur qui en distribuait dans les lieux publics du quartier de l'Odéon.

Deux autres pièces saisies chez *Laity* peuvent être de nature à fixer l'attention de la Cour.

L'une est le manuscrit qui a servi à l'impression. Il contient des renvois et des notes marginales en assez grand nombre, tracées par d'autres mains que le corps du manuscrit. La comparaison des écritures avait fait penser que plusieurs étaient de la main du prince *Louis*. *Laity* a effectivement reconnu qu'il en était ainsi. Cela paraît s'appliquer notamment à la note première de la page 6 de la brochure; au passage de la page 21 qui commence par ces mots : «Le général «*Lafayette* reçut le prince, etc.,» et qui se termine à la page 22 par ceux-ci : «Lorsque le moment serait «arrivé.» Un rapport d'un expert-écrivain attribue au prince toutes les notes marginales.

La seconde pièce est une lettre qui porte sur l'adresse :
M. Lombard, mais que *Laity* a déclaré avoir été
écrite à lui-même par le prince *Louis.* Elle est ainsi
conçue :

A   , le 11 juin 1838.

« Mon cher ami, j'ai été bien aise de recevoir des nouvelles de
«votre arrivée, car nous commençions à être inquiets sur votre
«compte. Je suis très-content de ce que vous me dites de C., et
«je me réjouis d'avoir été doublement trompé dans mon attente.
«J'avais bien prévu d'avance qu'il y aurait encore des difficultés
«qu'on ne devine pas toujours de loin; mais ce qui est essentiel que
«je sache, c'est le maximum des peines. Écrivez-le moi le plus tôt pos-
«sible. Dites à B. que s'il trouve des phrases mal rédigées sous le
«rapport du style, il me fera grand plaisir de les rectifier, mais je
«ne veux pas que cela entraîne la moindre modification dans les
«idées.

«Dites à A., de ma part, que je ne lui écris pas, parce que je
«l'attends tous les jours, comme il me l'avait promis.

«Je vous assure que nous éprouvons bien ici le vide de votre ab-
«sence ; et surtout l'idée que vous aurez peut-être quelques contra-
«riétés à subir me fait beaucoup de peine.

«J'ai reçu une lettre de Mme G. Je lui sais bien bon gré de son
«attachement, mais souvent elle fait des rêves de l'autre monde et
«prend du millet pour des perles.

«Tout le monde ici vous fait faire ses compliments. Recevez l'as-
«surance de ma sincère amitié.

«N.

« Vous trouverez chez M^r. 3 6 9, 1, 2 8, 4 une lettre pour vous.

« Vous auriez bien dû chercher comme adresse un nom plus propre. »

Une autre lettre, qui est signée du prince et datée
de Gottlieben, le 26 mai 1838, est écrite à une dame
et a pour objet de lui recommander *Laity.*

Ce prévenu fut interrogé le 21 juin, dans la soirée,
par un juge commis par M. le Chancelier. Il déclara

2.

qu'il était venu à Paris pour faire imprimer l'écrit qui est l'objet des poursuites; qu'il en était l'auteur; qu'il n'y avait point de libraire-éditeur. Sur l'observation du juge que «l'ensemble de cette brochure présentait le «caractère d'une provocation au renversement du gou-«vernement du Roi, et qu'il était inculpé, à raison de «sa publication, d'attentat contre la sûreté de l'État,

Sa réponse fut : «Le délit est évident et je me réserve «de me défendre devant mes juges, en faisant toute-«fois observer que la brochure est rédigée en termes «inoffensifs.»

M. le Chancelier a fait subir à *Laity* plusieurs interrogatoires. Dans celui du 22 juin, il déclara persister dans ses réponses faites la veille. On lui fit remarquer qu'il ne se dissimulait pas que la brochure ne fût un délit et que cependant il avait fait tous ses efforts pour la répandre. Sa réponse fut :

«Délit si l'on veut. Quand j'ai dit que le délit était «évident, j'ai voulu dire que l'existence de la brochure «était patente; après cela, je ne peux pas vous empê-«cher de trouver un délit dans la brochure même; «j'observe cependant de nouveau qu'elle est rédigée en «termes inoffensifs.»

Dès sa première comparution devant M. le Chancelier, le prévenu annonça qu'il protestait contre la juridiction de la Cour des Pairs. Il ne donna aucun développement à cette protestation.

C'est ici le moment de faire connaître à la Cour avec quelque étendue les interrogatoires successifs de *Laity*.

Le prévenu reconnaît que les dix mille exemplaires qu'il avait demandés lui ont été livrés; qu'il les a distribués en entier, moins ceux qui ont été saisis chez lui (quatre cent six). Il en a fait distribuer un grand nombre par des porteurs, et il refuse de s'expliquer sur les moyens par lui employés pour répandre le surplus. Sur l'indication des six cent cinquante exemplaires à *Saint-Edme*, il avoue qu'il les a envoyés; on lui demande quel est ce *Saint-Edme*, sa réponse est : «Je «ne le connais pas; on m'a dit de lui envoyer ces impri-«més et je les lui ai envoyés.»

D. «Qui vous a dit de lui faire cet envoi?

R. «Je garde le silence là-dessus.» Il avoue les distributions à *Belmontet*, à *Laity*, son neveu; au général *Vaudoncourt*, à **M.** *Félix Desportes*. On lui objecte qu'il est difficile qu'il ait distribué en si peu de temps dix mille exemplaires à Paris. Il répond : «J'en ai envoyé beaucoup dans les provinces, de côté «et d'autre.

D. «Dans quelles villes de province en avez vous «envoyé?

R. «Je ne puis répondre à cette question. J'ai publié «ma brochure; que je l'aie répandue à mille ou à cent mille exemplaires, le délit est le même.

D. «Vous n'avez donc pas fait imprimer cette bro-«chure pour la vendre?

R. «Non, Monsieur.»

D. «N'en avez-vous pas envoyé à Toulouse parti-«culièrement?»

R. «Non, Monsieur.»

D. «N'en avez-vous pas envoyé à Marseille?»

R. Non, Monsieur.»

D. « C'est que je trouve ces noms sur la note dont « je vous ai parlé tout à l'heure ? »

R. « Si ces noms se trouvent écrits, c'est que j'avais « l'intention d'en envoyer. Mais pour cela il me fallait « trouver des correspondants. Si j'avais pu envoyer cette « brochure dans toutes les villes et même dans tous les « villages de France, je l'aurais fait. »

Le jour où *Laity* fût arrêté, un individu se présenta à la porte de la maison où il logeait et le demanda; la femme *Soubriez* ayant dit qu'il n'y était pas, l'inconnu déposa, à la hâte, un paquet de 200 exemplaires de la brochure, en disant: « Vous lui remettrez cela. » (*Procès-verbal de saisie du 22 juin.*)

Laity, interrogé sur ce fait, a dit qu'il avait envoyé des exemplaires à des personnes qui ne le connaissaient pas et qu'il ne connaissait pas non plus : « J'ai porté, « a-t-il ajouté, deux cents exemplaires chez un général « que je n'ai pas trouvé chez lui; ce sont ces exem- « plaires qu'on a saisis chez moi. »

Il a refusé de dire le nom de ce général.

Dans l'interrogatoire du 23 juin, le prévenu déclare que son but, en publiant l'écrit incriminé, avait été de faire connaître l'affaire de Strasbourg telle qu'elle s'é- tait passée; que tout ce que contient la brochure est l'expression de ses opinions. Il ajoute que le prince *Na- poléon* est le véritable représentant de la cause popu- laire. Après avoir refusé de s'expliquer sur l'allégation aussi offensante que calomnieuse pour l'armée fran- çaise, contenue dans la page 10 de l'écrit, au sujet d'un prétendu corps de troupes qui, colonels et géné- raux compris, aurait attendu en 1832 le duc *de Reistadt,* et qui aurait été prêt à recevoir même son cousin, s'il eût été porteur d'une simple lettre du fils de *Napoléon :* il répond ainsi qu'il suit aux questions qui lui sont adressées :

D. «A la page 17 de votre brochure, en parlant du «prestige du droit qui n'existe plus en France dans «la personne d'un Roi, d'un seul, et qui ne peut se trou-«ver que dans la volonté de tous, vous ajoutez : « Les «hommes qui, en 1830, ont méconnu ce principe, «ont trahi nos intérêts les plus sacrés; ils ont bâti un «édifice dont ils ont oublié les fondations. » Ne voyez-«vous pas que vous attaquez formellement la révolu-«tion de juillet 1830 et le gouvernement qu'elle a «fondé?

R. «Je n'attaque pas du tout la révolution de juil-«let, je la respecte autant que qui que ce soit; je «n'attaque que ses conséquences.

D. «Vous attaquez par conséquent le gouvernement «qu'elle a fondé?

R. «Oui, certainement.

D. «A la suite de conversations que vous prêtez, «sur ce sujet, au prince *Louis* avec plusieurs hommes «influents, vous arrivez à dire qu'il ne manque plus «à la génération présente qu'une occasion solennelle «pour faire l'application du principe que vous posez «contre l'existence de ce Gouvernement. Alors, dites-«vous, alors seulement la grande révolution de 1789 sera «terminée, et vous ajoutez : «Qui pouvait mieux que le «prince *Napoléon* aider à l'accomplissement de cette «œuvre sociale, lui dont le nom est une garantie de li-«berté pour les uns, d'ordre pour les autres, et un souve «nir de gloire pour tous? » Ne voit-on pas dans ces pa-

« roles que le prince *Louis* est l'instrument à l'aide du-
« quel, suivant vos vœux, le Gouvernement né de la
« révolution de juillet doit être renversé?

R. « Oui, je crois que le prince est le chef qui con-
« vient le mieux à la France maintenant.

D. « A la page 19, après avoir énuméré toutes les
« révoltes qui ont successivement affligé la France, et
« dont le Gouvernement a glorieusement triomphé, vous
« ajoutez : « Le pouvoir se vit chaque jour contraint de
« chercher sa force dans un nouveau sacrifice de nos
« libertés, et s'il réussit un moment à désarmer les partis,
« il n'en rallia aucun ; ainsi ce n'était que pour obtenir
« une tranquillité factice qu'il avait compromis la di-
« gnité de la France en Europe. » Ne voyez-vous pas toute
« la gravité de l'offense qui résulte pour le Gouverne-
« ment de la publication de telles paroles, et en avez-vous
« bien compris toute la portée?

R. « Je laisse à mes avocats le soin de répondre là-
« dessus. »

On lui objecte qu'à la page 21 il introduit le général
Lafayette, en lui prêtant un langage et des sentiments
éminemment contraires à ceux qu'il a professés et au
serment qu'il avait prêté au Gouvernement de juillet;
qu'il le calomnie ainsi sans l'ombre de preuve. « Ne
« voyez-vous pas, ajoute-t-on, que l'usage que vous
« faites ici de ce nom est, par l'ascendant qui ne peut
« manquer de lui être attribué, une véritable provocation
« à la révolte?

« *R.* Je ne crois pas, d'abord, calomnier M. *de La-*
« *fayette.* La vérité ne peut pas être une calomnie. L'en-
« trevue dont il est question dans cette brochure a eu

«réellement lieu à Paris en 1833. Il est certain, ensuite,
«qu'en me servant du nom de *Lafayette*, c'était un grand
«appui, un grand soutien que je donnais à notre cause;
«je ne l'aurais pas fait sans cela.»

Sur d'autres questions qui ont pour but de lui faire
remarquer les conséquences funestes que pourraient produire, comme provocation à la révolte, ses attaques
contre les droits que le Roi tient du vœu de la nation;
ses assertions sur les droits du prince *Louis ;* ses récits
sur le plan de révolution organisé en 1835 ; sur les
vastes moyens dont on disposait pour cela ; sur les
facilités qui existaient encore, par suite des sentiments
du peuple, de l'armée et des hommes les plus influents
dans les divers partis, pour ce grand changement,

Il nie que le but de sa brochure ait été de provoquer
à la révolte. Il ajoute : «Tout ce que je puis dire, c'est
«que cette brochure est la relation de faits que je crois
«exacts, et l'expression d'opinions que je crois bonnes,
«et qui sont les miennes.» — Et plus loin :

«Je vous ai déjà dit que j'avais publié cette brochure
«pour éclairer l'opinion sur les événements de Stras-
«bourg. J'y ai joint tous les documents nécessaires à
«l'intelligence des faits : tant pis pour le Gouvernement
«s'ils lui sont nuisibles; tant mieux pour nous s'ils nous
«sont avantageux.»

Il affirme, à l'occasion du tableau présenté aux
pages 31 et 36, sur les conséquences rapides des succès
du prince *Louis,* s'il avait réussi à Strasbourg, et qui
ont pour but ou pour résultat de montrer comme toujours imminente et facile une insurrection au profit du
parti qu'il appelle napoléonien, que c'est «sa conviction
bien sincère qu'il a émise là.»

Au sujet d'un plan qui aurait été conçu par le prince

Louis pour les opérations de la matinée du 30 octobre, on trouve à la page 48 ces mots : « Hélas ! pourquoi ses « idées n'ont-elles pas pu avoir leur complète exécu- « tion ! »

Laity interrogé dit : « Je n'ai rien à répondre ; je ne « puis que répéter ce que je dis dans la brochure : je « regrette bien sincèrement que nous n'ayons pas réussi.

D. « Que vous ayez encore ce regret, soit ; si votre « conscience vous le permet ; mais comment avez-vous « pu croire qu'il vous fût perm s de le publier ?

R. « Je n'ai rien à répondre.

D. « A la page 75, voici l'assertion que vous vous « permettez : « On sait que le jury alsacien, entraîné, « non comme on l'a dit par un sentiment de légalité « violée, mais par la sympathie de toute la population « pour la cause napoléonienne, a prononcé le verdict « d'acquittement qui a renversé les doctrinaires et « ébranlé le Gouvernement.» Ainsi, prenant sur vous « de mettre au néant les motifs de légalité qui ont pu « entraîner la détermination du jury, vous lui en prêtez « qui réduiraient ce jury à n'être plus que l'expression « d'un parti. Vous supposez qu'il aurait menti à tous « ses devoirs, pour servir ce que vous appelez la cause « napoléonienne ?

R. « Oui, M. le Président. Je crois le Jury alsacien « très-partisan de la légalité ; mais je le crois aussi très- « partisan de la cause que nous avons défendue à Stras- « bourg. »

On adresse au prévenu une question sur un passage qui se trouve à la page 76, et dans lequel il énonce qu'en épargnant le prince *Louis*, le Roi des Français

a été obligé de reconnaître en lui la dynastie napoléonienne ; il répond : « A propos de dynastie, c'est de
« l'histoire. Il y a la dynastie de la branche aînée,
« comme la dynastie napoléonienne : ces dynasties ne
« se regardent pas comme finies. » Et sur une autre
question ayant le même objet, il dit : « Mon Dieu ! je
« ne suis pas très-fort sur les dynasties en général : la
« véritable dynastie pour moi est celle qui offre le plus
« de garantie à la France. »

Laity prétend justifier la publication qu'il a faite à
la suite de sa brochure, des proclamations du prince
Louis et d'autres écrits qui présentent la provocation
la plus directe et la plus violente à la révolte et au
renversement du Gouvernement, en disant que ces
écrits ont déjà été publiés, et qu'il n'y a pas plus de
délit de sa part, sous ce rapport, que s'il publiait de
nouveau les proclamations des Bourbons de 1814 et
1815, ou celles de l'Empereur à son retour de l'île
d'Elbe.

Une lettre écrite par le prince à M. *Odilon-Barrot,*
le 15 novembre 1836, a aussi été publiée à la page 85
de la brochure. Elle se termine par le passage suivant :

« Vous voyez donc, Monsieur, que c'est moi qui les
« ai séduits, entraînés, en leur parlant de tout ce qui
« pouvait le plus émouvoir des cœurs français. Ils me
« parlèrent de leurs serments : je leur rappelai qu'en
« 1815 ils avaient juré fidélité à *Napoléon II* et à sa
« dynastie : L'invasion seule, leur dis-je, vous a délié de
« vos serments ? Eh bien ! la force peut rétablir ce que
« la force seule a détruit. »

Laity avait, à plusieurs reprises, déclaré qu'il adop-
tait et qu'il considérait comme siennes toutes les opinions émises par le prince *Louis,* et manifestées dans

l'écrit dont il s'agit au procès. On lui fait cette observation :

« Ne comprenez-vous pas tout ce que pourrait avoir
« de dangereux, et par conséquent de coupable, l'expo-
« sition d'une pareille doctrine, si complétement sub-
« versive de la foi qui est due au serment, et qui ne
« tendrait à rien moins qu'à faire croire que la fidélité
« due aux serments les plus sacrés et les plus solennels
« doit disparaître dès la première apparence de succès
« qui serait obtenu par une tentative formée contre le
« Gouvernement existant?

R. « Monsieur le Président, cette question est préci-
« sément celle que me fit à Strasbourg le président des
« assises; je ne jugeai pas alors à propos d'y répondre;
« aujourd'hui je vous dirai ce que tout le monde sait,
« que les serments sont des singeries, et que, par con-
« séquent, on n'est pas un grand scélérat pour les
« violer. »

L'écrit qui est l'objet des poursuites a été imprimé
en allemand et publié à Stuttgard, à une époque cor-
respondante à celle de sa publication à Paris. Il ne
porte pas le nom de *Laity.* Le titre porte ces mots :

« *(Par un témoin oculaire.)* »

Le prévenu a déclaré que l'écrit objet du procès
avait été composé par lui sous les yeux du prince, à
Arenemberg; que, sauf les passages qu'il a empruntés
à la brochure publiée par M. de *Persigny* à Londres,
et indiqués dans la note 1re, page 6, et sauf les notes
marginales de la main du prince, tout le reste est de
lui *Laity;* que l'édition allemande et l'édition française
ont été faites sur deux manuscrits semblables, dont

l'un a été envoyé à Stuttgard. (*Laity* ne sait pas l'allemand.)

Quant à la lettre du prince, écrite le 11 juin, *Laity,* en refusant de nommer les personnes dont il y est fait mention, a dit que les lettres qui les désignaient étaient conventionnelles et non initiales. Le maximum des peines dont on parle dans cette lettre du 11 juin tenait à la crainte qu'avait le prince que *Laity* n'encourût des peines trop graves; *Laity* ajoute, à cette occasion: «Je ne m'attendais pas précisément à des «poursuites, mais je savais qu'il y avait des chances «pour que je fusse poursuivi.»

Telle est, Messieurs, la relation, que nous avons cherché à rendre aussi fidèle que possible, de tout ce que contiennent les interrogatoires du prévenu.

L'imprimeur *Thomassin*, le libraire *Landois* et la femme *Lamotte*, son associée, ont été entendus sur mandats de comparution, et sont dès lors au nombre des inculpés.

Thomassin affirme qu'il a été de bonne foi; qu'il n'a pas lu le texte de l'écrit avant de l'imprimer, et qu'il ne le connaissait même pas encore lorsqu'il a été interrogé.

Nous avons déjà dit que cent quarante-huit exemplaires de la relation des événements de Strasbourg avaient été saisis chez *Landois*, quoique la femme *Lamotte* eût déclaré à ceux qui faisaient la perquisition, qu'il n'y en avait que trois dans sa librairie. Suivant ces deux inculpés, ces imprimés avaient été apportés chez eux et remis à leur commis par des inconnus qui s'étaient présentés comme venant de la part de l'imprimeur. Ils en auraient vendu huit ou neuf exemplaires. C'est le seul fait de vente qu'indique la procédure. *Landois* attribue le dépôt fait chez lui à sa qualité d'éditeur de la biographie que rédige le sieur *Saint-Edme*, et dans laquelle se trouvait, il y a un an, la biographie du prince *Louis*.

Vous connaissez maintenant, Messieurs, les résultats de l'instruction : elle a eu une marche rapide. La nature de l'affaire a permis d'en agir ainsi. Nous savions que le corps du délit était sous vos yeux, la brochure ayant été distribuée à presque tous les membres des deux Chambres.

Le réquisitoire de M. le Procureur général désigne les passages qui sont plus spécialement incriminés.

La Cour aura d'abord à s'occuper de la question de compétence.

La Cour des Pairs, comme tout tribunal, doit, en premier lieu, vérifier si les faits qui lui sont déférés rentrent dans ses attributions légales et constitutionnelles. D'après la doctrine qu'elle a établie dans un arrêt du 21 février 1821, et qu'elle a constamment reproduite dans ses arrêts de compétence rendus depuis, « Il lui appartient, en outre, d'apprécier si les crimes « qui lui sont déférés rentrent, par leur gravité et leur « importance, dans la classe de ceux dont le jugement « lui est spécialement réservé. »

La Cour aura donc à examiner s'il s'agit seulement d'un simple récit historique, publié par un individu isolé, sans intention factieuse, sans but coupable, ou si l'écrit objet du procès, et qui aurait été concerté avec le chef de l'attentat de Strasbourg, n'est pas plutôt le manifeste d'un parti qui essayerait de renouveler contre le gouvernement constitutionnel de la France, par la voie de la presse, une lutte qu'il aurait déjà engagée sans succès par la plus coupable des révoltes qu'il travaillerait à susciter de nouveau.

Ces éloges prodigués devant la population et devant l'armée à un acte odieux, heureusement presque unique, mais qui est demeuré impuni ; à la violation du serment militaire, à la conduite d'officiers qui ont employé tous leurs efforts à tourner contre les lois du pays les armes des soldats, dont le Roi leur avait confié le commandement pour la défense de ces lois ; le parjure préconisé au nom de ce qui a le plus d'empire sur le cœur du soldat français, au nom de la liberté, au nom de la gloire, au nom des souvenirs de nos victoires ; tout cela, messieurs, n'est-il pas assez grave pour que l'on ait dû recourir à la juridiction impartiale mais ferme et puissante de la Chambre des Pairs ? L'ensemble de ces faits ne présente-t-il pas le caractère de provocation et d'attaque qualifiées d'attentat par les articles 1ᵉʳ et 5 de la loi du 9 septembre 1835 ?

Lorsque vous aurez prononcé sur votre compétence, vous aurez à valider la saisie en conformité des articles 8, 10 et 11 de la loi du 28 mai 1819, et à statuer sur les charges qui peuvent exister contre les prévenus.

COUR DES PAIRS.

AFFAIRE LAITY.

ARRET

DU JEUDI 28 JUIN 1838.

ACTE D'ACCUSATION.

COUR DES PAIRS.

AFFAIRE LAITY.

ARRÊT

DU JEUDI 28 JUIN 1838.

La Cour des Pairs :

Ouï dans la séance de ce jour M. Laplagne-Barris en son rapport de l'instruction ordonnée par l'arrêt du 21 de ce mois;

Ouï dans la même séance le Procureur général du Roi en ses dires et réquisitions, lesquelles réquisitions par lui déposées sur le bureau de la Cour, et signées de lui, sont ainsi conçues :

« Nous, Procureur général du Roi près la Cour « des Pairs,

« Vu l'écrit intitulé : *Relation historique des événe-* « *ments du 30 octobre 1836,* commençant par ces mots :

4.

« *Vingt ans d'exil pesaient sur la famille de l'Empereur,*
« et finissant, aux pièces justificatives, par ceux-ci :
« *telle était ma manière de voir ;*

« Vu les pièces de l'instruction contre François-Ar-
« mand-Ruppert Laity, inculpé de s'être rendu coupable
« du crime d'attentat contre la sûreté de l'État, en pu-
« bliant et distribuant ledit écrit, et contre Louis-Ben-
« jamin-Constant Thomassin, Camille Landois et Ju-
« liette-Françoise de Lançay, femme Lamotte, inculpés
« de s'être rendus complices de cet attentat, savoir : Tho-
« massin, en imprimant sciemment, et Landois et la
« femme Lamotte en distribuant l'écrit incriminé ;

« Attendu que cet écrit, dans son ensemble, présente
« les caractères évidents, 1° d'une provocation au crime
« prévu par l'article 87 du Code pénal; 2° d'une attaque
« contre le principe et la forme du Gouvernement établi
« par la Charte de 1830, tels qu'ils sont définis par la
« loi du 29 novembre 1830 ; ladite attaque ayant pour
« but d'exciter à la destruction du Gouvernement ; que
« ces caractères se trouvent spécialement dans les pas-
« sages dudit écrit articulés au premier réquisitoire;

« Attendu qu'il n'est pas suffisamment établi que Tho-
« massin, Landois et la femme Lamotte aient agi sciem-
« ment ;

« Mais, attendu que des pièces de l'instruction résulte
« contre François-Armand-Ruppert Laity prévention
« suffisamment établie d'avoir fait imprimer, publier et
« distribuer ledit écrit, et de s'être ainsi rendu coupable
« des crimes ci-dessus spécifiés;

« Vu les articles 28 de la Charte constitutionnelle,
« 87 du Code pénal, 1er et 5 de la loi du 9 septembre

« 1835, 1er de la loi du 17 mai 1819 et 1er de la loi du
« 29 novembre 1830 ;

« Nous requérons qu'il plaise à la Cour :

« Se déclarer compétente ;

« Dire qu'il n'y a lieu à suivre contre Thomassin,
« Landois et femme Lamotte ;

« Valider les saisies qui ont été faites et dont les
« procès-verbaux ont été régulièrement notifiés ;

« Décerner ordonnance de prise de corps contre Fran-
« çois-Armand-Ruppert Laity ;

« Ordonner en conséquence la mise en accusation
« dudit inculpé, et le renvoyer devant la Cour, pour y
« être jugé conformément à la loi.

« Fait au parquet de la Cour des Pairs, le jeudi
« vingt-huit juin mil huit cent trente-huit.

« Le Procureur-général du Roi

« Signé Franck Carré. »

Les pièces ayant été lues,

Et après en avoir délibéré hors la présence du Procureur général ;

Vu les articles 28 de la Charte constitutionnelle ;
87 du Code pénal ; 1er et 5 de la loi du 9 septembre
1835 ; 1er de la loi du 17 mai 1819 ; 1er de la loi du
29 novembre 1830 ; 8, 10 et 11 de la loi du 26 mai
1819 ;

En ce qui touche la question de compétence :

Attendu que,

1° La provocation, par l'un des moyens énoncés en l'article 1er de la loi du 17 mai 1819, au crime prévu par l'article 87 du Code pénal, soit qu'elle ait été ou non suivie d'effet,

2° L'attaque, par les mêmes moyens, contre le principe ou la forme du Gouvernement établi par la Charte de 1830, tels qu'ils sont définis par la loi du 29 novembre 1830, lorsqu'elle a pour but d'exciter à la destruction ou au changement du Gouvernement,

Sont rangées par les articles 1er et 5 de la loi du 9 septembre 1835 dans la classe des attentats contre la sûreté de l'État, et se trouvent dès lors comprises dans les dispositions de l'article 28 de la Charte constitutionnelle ;

Attendu qu'il résulterait des faits énoncés dans le réquisitoire que ces provocation et attaque auraient été commises par l'impression, la publication et la distribution de l'écrit intitulé : *Relation historique des événements du 30 octobre 1836,* commençant par ces mots : *Vingt ans d'exil pesaient sur la famille de l'Empereur,* et finissant, avant les pièces justificatives, par ceux-ci : *telle était ma manière de voir ;*

Attendu que le mode et les circonstances de cette publication, le grand nombre des exemplaires gratuitement distribués en divers lieux et dans le but ci-dessus indiqué, imprimeraient à cet attentat le caractère de gravité qui doit déterminer la Cour à s'en réserver la connaissance ;

En ce qui touche les exemplaires de l'écrit ci-dessus désigné, saisis :

1° Au domicile de Laity, le 21 de ce mois ;

2° Au domicile de Thomassin, le même jour ;

3° Au domicile de Saint-Edme, ledit jour;
4° Au domicile de Soubriez, le 22 du même mois;
5° Au domicile de Landois, le 23 du même mois;
6° Enfin, au domicile de Marchal, le même jour;

Attendu que lesdites saisies ont été régulièrement notifiées les 22 et 23 dudit mois de juin;

Au fond :

En ce qui concerne

Thomassin (Louis-Benjamin-Constant),
Landois (Camille),
Femme Lamotte (Juliette-Françoise de Lançay),

Attendu que de l'instruction ne résulte pas contre eux charges suffisantes de culpabilité;

En ce qui concerne :

Laity (François-Armand-Ruppert),

Attendu que de l'instruction résultent contre lui charges suffisantes de s'être rendu coupable de l'attentat ci-dessus qualifié,

Crime prévu par les articles 1ᵉʳ et 5 de la loi du 9 septembre 1835, 1ᵉʳ de la loi du 17 mai 1819, 1ᵉʳ de la loi du 29 novembre 1830, 87 du Code pénal :

La Cour

Se déclare compétente;

Maintient les saisies sus énoncées;

Déclare n'y avoir lieu à suivre à l'égard de

Thomassin,
Landois,
Et femme Lamotte;

ORDONNE la mise en accusation de
François-Armand-Ruppert Laity;

ORDONNE, en conséquence, que ledit Laity (François-Armand-Ruppert), âgé de 25 ans, sans profession,
né à Lorient (Morbihan), demeurant en dernier lieu à
Paris, rue Feydeau, n° 30; taille d'un mètre 66 centimètres, cheveux et sourcils blonds, yeux gris, nez
bien fait, bouche moyenne, menton rond et visage
ovale;

Sera pris au corps et conduit dans telle maison d'arrêt que le Président de la Cour désignera pour servir
de maison de justice près d'elle;

ORDONNE que le présent arrêt, ainsi que l'acte d'accusation dressé en conséquence, seront, à la diligence
du Procureur général du Roi, notifiés audit accusé;

ORDONNE que les débats s'ouvriront le lundi 9 juillet
prochain;

ORDONNE que le présent arrêt sera exécuté à la diligence du Procureur général du Roi.

FAIT ET DÉLIBÉRÉ au palais de la Cour des Pairs,
à Paris, le jeudi vingt-huit juin mil huit cent trente-
huit, en la chambre du conseil, où siégeaient Monsieur
le Baron PASQUIER, Chancelier de France, Président
de la Cour, et Messieurs le Duc DE MORTEMART, le
Duc DE CHOISEUL, le duc DE MONTMORENCY, le Comte
KLEIN, le Duc DE CASTRIES, le Duc DE LA TREMOILLE,
le Duc DE CARAMAN, le Marquis DE LOUVOIS, le Comte
RICARD, le Baron SÉGUIER, le Comte DE NOÉ, le Duc
DE MASSA, le Duc DECAZES, le Comte D'ARGOUT, le
Comte CAPLARÈDE, le Marquis DE DAMPIERRE, le Vi-

comte d'Houdetot, le Baron Mounier, le Comte Mollien, le Comte Reille, le Comte de Sparre, l'Amiral Comte Truguet, le Marquis d'Aramon, le Comte de Germiny, le Comte de la Villegontier, le Comte de Bastard, le Marquis de Pange, le Comte Portalis, le Duc de Praslin, le Duc de Crillon, le Duc de Coigny, le Comte Siméon, le Comte Roy, le Comte de Vaudreuil, le Comte de Tascher, le Maréchal Comte Molitor, le Comte de Breteuil, le Vicomte Dode, le Vicomte Dubouchage, le Comte Davous, le Comte de Boissy-d'Anglas, le Duc de Noailles, le Marquis de La Place, le Duc de La Rochefoucauld, le Comte de Sainte-Aulaire, le Marquis de Crillon, le Duc de Richelieu, le Duc de Bassano, le Comte de Bondy, le Comte de Cessac, le Baron Davillier, le Comte Gilbert de Voisins, le Prince de Beauvau, le Comte d'Anthouard, le Comte Exelmans, le Vice-Amiral Comte Jacob, le Comte Pajol, le Vicomte Rogniat, le Comte Perregaux, le Duc de Gramont-Cade-rousse, le Vice-Amiral Comte Emériau, le Baron de Lascours, Girod (de l'Ain), Bertin de Veaux, Besson, le Président Boyer, le Vicomte de Caux, Cousin, le Comte Dutaillis, le Baron de Fréville, Gautier, le Comte Heudelet, le Baron Malouet, le Comte de Montguyon, le Baron Thénard, Tripier, Villemain, le Baron Zangiacomi, le Comte de Ham, le Baron de Mareuil, le Comte Bérenger, le Comte de Nicolaï, Félix Faure, le Comte de Labriffe, le Comte Daru, le Comte Baudrand, le Baron Neigre, le Baron Saint-Cyr-Nugues, le Baron Lallemand, le Baron Duval, le Comte de Beaumont, le Baron Brayer, le Maréchal Comte de Lobau, le Baron de Reinach, le Comte DE SAINT-CRICQ, le Comte D'ASTORG, DE GASPARIN, le Baron BRUN DE VILLERET, DE CAMBACÉRÈS, le Vicomte DE CHABOT, le Comte CORBINEAU, le Baron FEUTRIER, le Baron FRÉTEAU DE PÉNY, le Marquis DE LA MOUSSAYE, le Vicomte PERNETY, le Comte DE LA RIBOISIÈRE, le Marquis DE ROCHAMBEAU, le Comte DE SAINT-AIGNAN, le Vicomte SIMÉON, le Comte DE RAMBUTEAU, DE BELLEMARE, le Baron DE MOROGUES, le Baron VOYSIN-DE-GARTEMPE, le Marquis D'ANDIGNÉ DE LA BLANGHAYE, le Marquis D'AUDIFFRET, le Comte DE MONTHION, le Marquis DE BELBEUF, BESSIÈRES, le Baron BIGNON, le Marquis DE CHANALEILLES, CHEVANDIER, le Baron DARRIULE, DE FOREST DE QUARTDEVILLE, le Baron DELORT, le Comte DUROSNEL, le Marquis D'ESCAYRAC DE LAUTURE, le Vicomte D'ABANCOURT, KÉRATRY, le Comte D'AUDENARDE, le Vice-Amiral HALGAN, MÉRILHOU, le Comte de MOSBOURG, ODIER, PATURLE, le Baron PELET, le Baron PELET (de la Lozère), PÉRIER, le Baron PETIT, POISSON, le Vicomte DE PRÉVAL, le Baron DE SCHONEN, le Chevalier TARBÉ DE VAUXCLAIRS, le Vicomte TIRLET, le Vice-Amiral WILLAUMEZ, le Baron DE GÉRANDO, le le Baron ROHAULT DE FLEURY, LAPLAGNE-BARRIS, ROUILLÉ DE FONTAINE, le Vicomte SÉBASTIANI, le Comte HARISPE.

Lesquels ont signé, avec le greffier en chef, la minute du présent arrêt.

Pour expédition conforme :

Le Greffier en Chef,

E. CAUCHY.

ACTE D'ACCUSATION

CONTRE LAITY

(FRANÇOIS-ARMAND-RUPPERT).

Le Procureur-général du Roi près la Cour des Pairs,

Vu l'arrêt d'accusation rendu le 28 de ce mois par la Cour des Pairs, contre le nommé *François-Armand-Ruppert LAITY,* âgé de vingt-cinq ans, ancien officier d'artillerie, né à Lorient (Morbihan), logé à Paris, rue Feydeau, n° 30,

Expose que des pièces de l'instruction résultent les faits suivants :

Un écrit répandu avec profusion dans Paris, vers le milieu de ce mois, a dû fixer aussitôt l'attention du Gouvernement, non-seulement parce que sa publication paraissait constituer un crime prévu et réprimé par les lois, mais encore parce qu'il présentait les caractères d'un manifeste insolent lancé par un parti qui ne dissimulait ni ses espérances, ni son but.

Cet écrit était intitulé : *Relation historique des événements du 30 octobre 1836; le prince Napoléon à Strasbourg.* Il portait, comme nom d'auteur, celui du sieur

Armand *Laity*, ex-lieutenant d'artillerie, l'un des officiers
qui s'étaient laissés entraîner dans la criminelle et téméraire entreprise tentée à Strasbourg, en 1836, par Charles-
Louis-Napoléon *Bonaparte*.

C'était donc l'un des conspirateurs qui publiait l'apologie de la conspiration : car, malgré l'issue du procès
dans lequel il a été compromis, on ne peut hésiter à désigner ainsi l'homme qui avoue hautement la part qu'il
a prise à la révolte, et qui, en attribuant à la fatalité la
prompte répression d'une tentative insensée, manifeste
clairement pour l'avenir l'espoir d'une meilleure fortune.

Le 21 juin, *Laity* fut arrêté : le même jour on saisit
chez lui deux cent six exemplaires de l'ouvrage incriminé.
On en a saisi depuis deux exemplaires chez un sieur *Maréchal*, trente chez le sieur *Saint-Edme*, cent quarante-
huit chez un libraire, auquel un individu resté inconnu
les avait remis pour les vendre, huit chez le sieur *Thomassin*, imprimeur, des presses duquel l'écrit était sorti,
et deux cents chez le portier de la maison dans laquelle
demeure *Laity*. Une note trouvée dans les papiers de ce
dernier paraissait indiquer que plusieurs autres personnes
avaient aussi reçu une plus ou moins grande quantité
d'exemplaires de cette même brochure. Mais des perquisi-
tions faites au domicile de ces personnes n'ont produit
aucun résultat. Quelques-unes ont reconnu avoir eu un
certain nombre d'exemplaires en leur possession et en
avoir distribué à leurs amis; les autres ont prétendu n'en
avoir pas reçu, et se sont trouvées à cet égard en contradiction avec l'accusé lui-même. Quoi qu'il en soit, il résulte de la déposition et des livres de l'imprimeur, contraires sur ce point à la déclaration qu'il avait faite au
bureau de la librairie, que l'écrit du sieur *Laity* a été tiré
à dix mille exemplaires. Le brocheur confirme la vérité de
ce chiffre, et *Laity* reconnaît que les dix mille exemplaires lui ont été livrés, et qu'il les a tous distribués gra-

tuitement, à l'exception des deux cent six qui ont été trouvés chez lui. Quant aux deux cents, saisis chez son portier, ils y ont été apportés depuis l'arrestation de l'accusé par un inconnu, qui probablement les avait reçus pour les distribuer, et que les recherches de la justice ont inquiété.

Ce n'est pas seulement à Paris que cet ouvrage a été répandu; des notes de *Laity* indiquent qu'il en a été expédié dans divers départements, et notamment à Toulouse, à Blois et à Marseille, des quantités plus ou moins considérables d'exemplaires. On sait aussi qu'il en a été envoyé à Strasbourg. *Laity*, sans vouloir indiquer ni les moyens employés pour la distribution, ni les lieux différents où elle s'est étendue, convient qu'il en a fait colporter dans Paris un grand nombre d'exemplaires, et qu'il en a envoyé en province de côté et d'autre. Il aurait voulu, dit-il, en faire parvenir dans toutes les villes et tous les villages. On ajoutera que cet écrit a été traduit en langue allemande, et imprimé à Stuttgard par les soins de ceux qui en ont préparé en France la publication.

Il est important de remarquer la rapidité avec laquelle s'est effectuée cette distribution de dix mille exemplaires. C'est le 17 juin seulement que les dernières livraisons ont été faites. Les premières n'avaient eu lieu que le 14 ou le 15 du même mois, et le 21, *Laity* n'avait plus en sa possession que deux cent six exemplaires. Il serait impossible, comme on le lui a fait remarquer dans l'un de ses interrogatoires, que cette distribution eût pu être complétée dans un si court intervalle, s'il n'avait pas été établi en différentes mains des dépôts dont chacun devenait le centre d'une distribution partielle. Une note écrite par l'accusé, et saisie dans ses papiers, semble confirmer cette induction; mais il a refusé de s'expliquer sur ce point, et l'instruction n'a pas pu recueillir de plus précises indications. Il n'a pas voulu faire connaître non plus à quelle source ont été puisés les fonds avec lesquels ont été soldées les dépenses de l'impression et de la publication, et ce refus suffit pour établir qu'il n'y a pas seulement employé ses facultés personnelles.

Déjà ces circonstances conduisent à penser que la publication de l'ouvrage déféré à la Cour ne peut être considérée comme le fait individuel d'un écrivain qui exprime, à ses risques et périls, ses opinions et ses sentiments. C'est *Laity* qui a composé, en grande partie du moins, cet écrit et qui l'a fait imprimer; c'est à lui que les exemplaires ont été livrés; mais, ni la pensée, ni l'exécution de cette manifestation coupable ne doivent lui être exclusivement attribuées.

Après son acquittement à Strasbourg, Armand *Laity* était venu passer quelques semaines à Paris et s'était ensuite retiré à Lorient, son pays natal. La démission par lui donné du grade d'officier d'artillerie a été acceptée le 26 mai 1837. Plus tard, il a été rejoindre en Suisse *Louis Napoléon*, et, depuis le mois de janvier dernier, il habitait avec lui à Arenemberg; c'est là, c'est sous les yeux de l'homme à la fortune duquel il s'était si malheureusement associé à Strasbourg, qu'il a composé l'ouvrage qui l'amène devant la Cour. Le manuscrit a été saisi, il porte des corrections et des notes qui émanent de *Louis Napoléon*. *Laity* ne cherche pas à le cacher et il convient même que d'autres passages encore peuvent appartenir au chef qu'il s'est donné.

On a saisi en la possession de l'accusé une lettre qui n'est signée que de la lettre N.; mais qu'il reconnaît lui avoir été écrite par *Louis Napoléon*. Elle est datée du 11 juin; on y lit ce qui suit : « J'ai été bien aise de recevoir «des nouvelles de votre arrivée; car nous commencions à «être inquiets sur votre compte. Je suis très-content de «ce que vous me dites de C., et je me rejouis d'avoir été

« doublement trompé dans mon attente. J'avais bien prévu
« d'avance qu'il y aurait encore des difficultés qu'on ne
« devine pas toujours de loin. Mais ce qu'il est essentiel
« *que je sache c'est le maximum des peines. Écrivez-le*
« *moi le plus tôt possible. Dites à B.* que *s'il trouve des*
« *phrases mal redigées, sous le rapport du style, il me*
« *fera grand plaisir de les rectifier, mais je ne veux pas*
« *que cela entraîne la moindre modification dans les idées...*
« Vous trouverez chez M. 369, 1, 28, 4, une lettre pour
« vous......... »

   Cette lettre se rapporte évidemment, et *Laity* n'en dis-
convient pas, à la publication de l'ouvrage incriminé. Elle
établit d'abord que *Louis Napoléon* et son agent ne se
dissimulaient ni l'un ni l'autre le péril auquel on s'expo-
sait en publiant cet écrit, et les répressions légales qu'on
pouvait encourir. Il fallait donc qu'ils y attachassent un
intérêt assez puissant et des espérances assez élevées pour
se porter à braver les conséquences de la publication.
Cette même lettre vient encore à l'appui des notes du manuscrit pour prouver que, relativement du moins au
fond des choses, l'écrit a reçu l'approbation de *Louis
Napoléon,* qu'il s'en est approprié les idées, qu'il en a
calculé la portée, et que la publication s'effectue, sous
son autorité, dans un intérêt et dans des vues dont il
veut rester l'arbitre suprême. Ajoutons que, dans cette
missive, des lettres conventionnelles et une série de chiffres, employés pour désigner les personnes dont on parle,
annoncent des mesures prises à l'avance pour une corres-
pondance compromettante, et qui exige le mystère.
   Ainsi, lorsqu'il quittait le château d'Arenemberg et
Louis Napoléon, dans le seul but de venir à Paris faire
imprimer la relation des événements de Strasbourg ;
lorsqu'il faisait cette publication à l'aide de fonds qui
lui étaient fournis ; lorsqu'il distribuait gratuitement dix
mille exemplaires de cet écrit, Armand *Laity* n'agissait

pas sous la seule inspiration de ses opinions et de ses sentiments personnels : c'était l'agent accrédité d'un jeune homme qui avait déjà essayé de se faire chef de parti, et de s'ouvrir, par une sédition militaire, un chemin vers l'empire.

On se rappelle et cette aventureuse tentative de Strasbourg et sa prompte répression. La France n'en fut pas émue comme d'un danger qui menaçât le trône élevé en juillet et les institutions sur lesquelles il s'appuie; car elle est sûre d'elle-même et sait bien qu'il n'appartient à personne de dominer malgré elle ses destinées. Mais elle déplora que des officiers français eussent violé le plus sacré de leurs devoirs, en appelant à la révolte les soldats placés sous leurs ordres; elle s'affligea en pensant que cette trahison aurait pu forcer des mains françaises à répandre le sang français; elle regretta qu'un grand nom et de glorieux souvenirs eussent été mis au service d'une sédition sans portée et d'une ambition sans titres.

Et c'est dix-huit mois après cette malheureuse agression qu'on renouvelle à Paris, par la voie de la presse, ce qu'on avait tenté à Strasbourg par celle des armes. Une rapide analyse de l'écrit déféré à la Cour des Pairs suffira pour en faire ressortir le caractère et le but. La première pensée qui préoccupe l'auteur de cet écrit, c'est celle de conquérir, pour ce qu'il appelle *le parti napoléonien* et pour l'homme qu'il en proclame le chef, une consistance que l'opinion leur refuse et que ne leur donnerait certainement pas l'événement de Strasbourg, raconté dans sa vérité. A la place d'une sédition tentée par quelques officiers qui ont abusé de leurs grades pour entraîner un petit nombre de soldats égarés, et dont les effort onts promptement échoué, on suppose l'exécution d'une entreprise longuement méditée, déterminée par de graves investigations sur l'état de la France, et dont les chances de succès, froidement pesées, n'ont été détruites que par une inconcevable fatalité; on ne craint pas d'affirmer l'existence d'un parti qui a dans le pays de profondes racines, qui, dès l'année 1832, était maître d'un corps d'armée tout entier, dont les chefs comme les soldats lui appartenaient, et qui, forcé d'ajourner ses espérances, n'a pas cessé de préparer ses moyens d'action et son jour de victoire. Ce parti est, suivant l'auteur de l'écrit, le seul et vrai tuteur de la cause populaire, cette pupille banale de toutes les ambitions; *Louis Napoléon* en est le représentant; c'est le légitime héritier de la dignité impériale. On appuie ses droits sur les votes qui ont fondé, en l'an XII, l'empire héréditaire, en faisant abstraction des temps, des faits et des actes qui ont été, depuis cette époque, la réalité de notre histoire; et on ne craint pas de présenter l'établissement de 1830 comme une trahison envers les intérêts les plus sacrés du pays.

Au soutien de cette légitimité exhumée, dans laquelle on se plaît à montrer une garantie de liberté pour les uns, d'ordre pour les autres et un souvenir de gloire pour tous, on appelle le principe de la souveraineté populaire, les sympathies de l'armée, l'assentiment unanime des partis, et, pour ne rien oublier, l'approbation des cours étrangères. D'une part, on calomnie le gouvernement du Roi, en affirmant qu'il n'a acheté le repos à l'intérieur qu'au prix des libertés du pays, et la paix à l'extérieur qu'au prix de sa dignité; et, de l'autre, on s'efforce de faire croire que *Louis Napoléon* concilierait facilement la force et la stabilité du pouvoir avec les libertés populaires les plus étendues; que toutes les factions aujourd'hui hostiles s'empresseraient, soudainement calmées, de se rallier à sa voix, et que son avénement ne troublerait pas le repos de l'Europe; on rapporte les conversations ou les correspondances qu'ils auraient eues avec des hommes dont on suppose que le nom peut faire autorité dans les partis, et l'on en induit des promesses de concours ou du moins de neutralité bienveillante. Que dirons-nous enfin?

après avoir hautement proclamé que *Louis Napoléon* est
assuré des sympathies populaires, de l'assentiment de l'armée, on suppose que des hommes considérables l'appellent
au secours de la France fatiguée d'un état précaire et menacée de bouleversements. « Son grand nom, ses opi-
« nions, son caractère, font voir en lui le point de ral-
« liement de la cause populaire. Qu'il se trouve prêt à
« à agir lorsque le temps sera venu, ses amis ne lui
« manqueront pas. »

Telle est l'avant-scène que construit pour le drame
de Strasbourg l'auteur de l'écrit dénoncé, telle est la position qu'il fait au prince avant sa rencontre avec le colonel *Vaudrey;* c'est ainsi qu'il croit parvenir à donner
de l'importance au parti napoléonien, à son chef avoué
et à la malheureuse entreprise par laquelle il s'est révélé.
A l'entendre, *Louis Napoléon* pouvait avec raison croire
qu'il lui suffirait de se présenter devant la garnison de
Strasbourg pour l'entraîner dans sa cause, marcher avec
elle sur Paris, soulever partout sur son passage la population et les troupes, et opérer en peu de jours une
grande révolution.

On aura de la peine à comprendre l'audace, nous ne
voulons pas dire l'extravagance, de ces assertions. Plus est
grand le nom de *Napoléon,* plus est lumineuse la trace que
son passage a laissée, moins il semble possible qu'on ose
affecter son héritage et revendiquer comme sien le fardeau
de sa gloire. Cette témérité excitera-t-elle toutefois plus
de surprise que cette profonde inintelligence de la situation, des besoins et des intérêts actuels du pays, et cet
anachronisme d'une insurrection prétorienne au milieu
d'un peuple qui, sans déposer son épée, a placé dans son
blason les tables de la loi, et dont la civilisation grandit
chaque jour par les arts et les conquêtes de la paix.

Mais il ne s'agit pas d'entreprendre ici l'inutile réfuta-

tion, ni des aperçus de l'auteur de l'écrit dénoncé, ni des
faits sur lesquels il les appuie. Ce qu'il importe d'établir,
c'est l'existence des attentats dont il est accusé, et il suffit, pour atteindre ce but, de rapprocher du texte de la
loi le texte de son ouvrage. Quelle provocation à la destruction et au changement du Gouvernement établi, peut
être plus directe et plus formelle que celle qui résulte
d'un écrit où l'on propose ouvertement un autre gouvernement comme méritant seul les sympathies de la nation
et de l'armée, comme pouvant seul devenir le tuteur des
intérêts et le gardien de la dignité du pays, comme soutenu par un parti puissant, comme devant être accueilli
par un assentiment unanime? Où trouver jamais une attaque explicite contre le principe et la forme du Gouvernement fondé en 1830, et l'intention manifeste de
donner à cette attaque la portée nécessaire pour exciter
à la destruction ou au changement de ce gouvernement,
si ce n'est dans un écrit où l'on oppose au droit du Roi
que la nation s'est donné par un contrat solennel, les
droits surannés d'une autre dynastie élevée par un
grand homme, et morte tout entière avec lui.

Au reste, ces attaques contre le Gouvernement fondé
en juillet, ces vœux d'une révolution qui appelle au trône
Louis Napoléon ne sont pas niés par *Laity*. Lorsque, dans
un premier interrogatoire, on lui avait fait connaître les
caractères légaux de l'attentat qui lui était imputé, il
avait répondu : *Le délit est évident; je me réserve de
me défendre devant mes juges, en faisant observer toutefois que la brochure est rédigée en termes inoffensifs.*
Plus tard, il a expliqué qu'en faisant cette réponse, il
avait seulement voulu dire que l'existence de la brochure
était patente. Mais, dans un autre interrogatoire, il reconnaît qu'il attaque, par son écrit, le Gouvernement fondé
en juillet, et qu'il y exprime l'opinion que le prince *Louis
Napoléon* est le chef qui convient le mieux à la France.

6.

Ainsi donc, dans cette première partie de son écrit, Armand *Laity* s'est rendu coupable des attentats qui lui sont reprochés; le reste est consacré au récit de l'événement de Strasbourg et aux faits qui l'ont suivi.

Dans ce récit constamment apologétique, il s'attache surtout à présenter la révolte comme ayant toujours été appuyée par les sentiments des soldats et les dispositions du peuple. Pour en arrêter les conséquences, il a fallu, selon lui, recourir au mensonge : la fatalité seule a fait échouer l'entreprise; les officiers même qui restaient fidèles à leur devoir, ne le faisaient qu'à regret et en combattant leurs secrètes affections; il se vante d'avoir *enlevé* lui-même au profit de la révolte les pontonniers placés sous ses ordres. Il représente ensuite le Gouvernement comme frappé de consternation par la nouvelle de ses attentats; il attribue à la peur, à l'impossibilité de garder le prince en France et de l'y faire juger, l'acte de clémence inspiré par le sentiment de respect qui s'attache au nom illustre qu'il porte. Quatre-vingts officiers généraux ou supérieurs auraient protesté contre la mise en accusation de *Louis Napoléon*. Plusieurs Pairs auraient récusé la mission de le juger, et le verdict du jury aurait été dicté par la sympathie qu'inspire la cause napoléonienne.

C'est ainsi qu'Armand *Laity*, en avouant hautement la part qu'il a prise à la tentative de révolte, s'efforce non-seulement de justifier cette tentative, mais de la glorifier; il veut la légitimer dans son principe, la réhabiliter dans ses moyens, la grandir dans ses conséquences; il la montre sérieuse et grave pour la montrer toujours menaçante; il exalte sa cause pour lui donner des prosélytes. Par l'apologie de la sédition réprimée, il appelle la sédition à venir. Aussi n'oublie-t-il pas de publier, dans les pièces justificatives de son écrit, les proclamations que *Louis Napoléon* au moment de la sédition avait adressées au peuple et à l'armée, et qui renferment à chaque mot les plus vives attaques contre le Gouvernement du Roi, les provocations les plus violentes à la révolte; il croit s'excuser en les qualifiant de pièces historiques et en rappelant qu'elles ont été déjà rendues publiques. Mais ce moyen de justification n'est pas admissible, quand l'ouvrage auquel elles sont jointes a lui-même un caractère de provocation que ces proclamations viennent aggraver.

On doit encore signaler ici comme présentant aussi les caractères des attentats dont Armand *Laity* est accusé, la publication d'une lettre adressée à *M. O. Barrot,* et dans laquelle *Louis Napoléon* cherche à établir la légalité de ses droits que n'ont pû abolir, dit-il, ni les douze cent mille étrangers en 1815, ni la Chambre en 1830 : mettant ainsi, en quelque sorte, sur la même ligne l'invasion étrangère et le libre vote des représentants légaux du pays, agissant sous les yeux de la nation tout entière debout et armée; c'est à l'occasion de cette lettre, où *Louis Napoléon* rappelle qu'il a revendiqué à Strasbourg les serments prêtés en 1815 à *Napoléon II,* que *Laity* a répondu dans l'un de ses interrogatoires que les serments étaient des singeries, et que par conséquent on n'était pas un grand scélérat pour les violer.

Du reste, tout en reconnaissant, comme on l'a déjà vu, qu'il avait attaqué le Gouvernement du Roi, et proclamé que *Louis Napoléon* était le chef qui lui paraissait le mieux convenir à la France, Armand *Laity* s'est défendu d'avoir eu l'intention de provoquer à la révolte; sa brochure est la relation de faits qu'il croit exacts et d'opinions qu'il croit bonnes et qui sont les siennes : Il l'a publiée pour éclairer l'opinion sur les événements de Strasbourg; il y a joint tous les documents nécessaires à l'intelligence des faits; tant pis pour le Gouvernement s'ils lui sont nuisibles, tant mieux pour sa cause s'ils lui sont avantageux.

Mais ce système de défense peut-il être accueilli? les faits ont-ils été rapportés dans leur vérité, et suffit-il que des opinions subversives soient sincères pour qu'on ait le droit de les publier et de leur chercher des prosélytes? Les lois du 9 septembre 1835 ont eu précisément pour objet de défendre le Gouvernement établi et la société contre ces dangereuses attaques que dirigent contre eux les partis; elles ont garanti, par une sanction plus sévère et par une plus haute juridiction contre l'ardente polémique des factions, les intérêts les plus chers du pays, c'est-à-dire la stabilité de son Gouvernement, le principe et la forme de ses institutions.

Dans cette circonstance, ces intérêts ont été attaqués, non-seulement par l'ouvrage d'un écrivain isolé, mais par l'agent avoué d'un parti qui, après s'être révélé par une odieuse agression, vient, en quelque sorte, prendre acte de ce que l'impunité lui a permis de survivre à sa malencontreuse tentative, se vanter d'avoir à sa disposition les éléments d'une conspiration permanente, et, jetant à l'armée, dans laquelle il ose affirmer qu'il a des complices de tous les grades, au peuple, dont il sollicite le concours, des promesses de liberté et des souvenirs de gloire, étaler au grand jour ses prétentions, publier hautement qu'il persévère dans la lutte, et chercher dans le récit mensonger de son passé les éléments de succès pour son avenir.

En conséquence, François-Armand-Ruppert *Laity* est accusé d'avoir, dans le cours du mois de juin 1838, commis un attentat contre la sûreté de l'État, par l'impression, la publication et la distribution de l'écrit intitulé : *Relation historique des événements du 30 octobre 1836,* commençant par ces mots : *Vingt ans d'exil pesaient sur la famille de l'empereur,* et finissant, avant les pièces justificatives, par ceux-ci : *telle était ma manière de voir;* ledit écrit contenant, 1° une provocation,

non suivie d'effet, au crime prévu par l'article 87 du
Code pénal; 2° une attaque contre le principe ou la
forme du gouvernement établi par la Charte de 1830,
tels qu'ils sont définis par la loi du 29 novembre 1830;
laquelle attaque aurait eu pour but d'exciter à la destruction ou au changement du Gouvernement.

Crime prévu par les articles 1er et 5 de la loi du 9 septembre 1835, 1er de la loi du 17 mai 1819, 1er de la loi
du 29 novembre 1830 et 87 du Code pénal.

Fait à Paris, au parquet de la Cour des Pairs, palais
du Luxembourg, le vingt-neuf juin mil huit cent trente-
huit.

Le Procureur général du Roi,

Signé **FRANCK CARRÉ.**

COUR DES PAIRS.

AFFAIRE LAITY.

INTERROGATOIRES.

COUR DES PAIRS.

AFFAIRE LAITY.

INTERROGATOIRES

DE LAITY

(François-Armand-Ruppert),

ÂGÉ DE 25 ANS, SANS PROFESSION, NÉ À LORIENT (MORBIHAN).; DOMICILIÉ EN DERNIER LIEU À PARIS, RUE FEYDEAU, N° 30.

1er Interrogatoire subi, le 21 juin 1838, devant M. Zangiacomi, juge d'instruction, délégué par M. le Chancelier.

D. Chez qui demeurez-vous, rue Feydeau?

R. J'ignore le nom du propriétaire. Je suis entré par hasard dans cette maison, parce que j'ai vu un écriteau à la porte annonçant qu'il y avait des chambres garnies.

D. Quel a été le but de votre voyage?

R. J'y suis venu pour faire imprimer la brochure intitulée : *Relation historique des événements du 30 octobre 1836; le prince Napoléon à Strasbourg.*

7.

D. Reconnaissez-vous la brochure que je vous représente pour celle dont vous parlez?

R. Oui, Monsieur.

D. Consentez-vous à la signer *ne varietur,* pour attester la représentation qui vous en a été faite?

R. Oui, Monsieur.

D. Êtes-vous l'auteur de cette brochure?

R. Oui, Monsieur.

D. Qui en est l'imprimeur?

R. Le sieur *Thomassin;* c'est moi qui me suis adressé à lui.

D. Quel est le libraire-éditeur?

R. Il n'y en avait pas jusqu'à présent, et je n'avais jeté les yeux sur aucun libraire.

D. L'ensemble de cette brochure présente le caractère d'une provocation au renversement du gouvernement du Roi, et vous êtes inculpé, à raison de sa publication, d'attentat contre la sûreté de l'État?

R. Le délit est évident, et je me réserve de me défendre devant mes juges, en faisant toutefois observer que la brochure est rédigée en termes inoffensifs.

D. Avez-vous déjà été arrêté?

R. Oui, Monsieur; à l'occasion de l'affaire de Strasbourg, mais j'ai été acquitté.

Nous mentionnons que nous avons fait connaître à l'inculpé que nous n'avons procédé à son interrogatoire que par suite de l'ordonnance de M. le Chancelier, président de la Cour des Pairs, en date de ce jour, qui nous a commis à cet effet.

2e interrogatoire subi le 22 juin 1838, devant M. le Chancelier.

Nous avons fait donner lecture à l'inculpé de l'interrogatoire par lui subi hier devant M. Zangiacomi, juge d'instruction, par nous commis à cet effet, commençant par ces mots : *Chez qui demeurez-vous, rue Feydeau,* et finissant par ceux-ci : *mais j'ai été acquitté.*

D. Reconnaissez-vous avoir subi cet interrogatoire, reconnaissez vous que vos réponses y sont exactement rapportées, et persistez-vous dans ces réponses?

R. Oui, Monsieur; mais je dois vous déclarer d'abord que je proteste contre la juridiction de la Cour des Pairs.

D. A la suite de votre acquittement, à Strasbourg, où vous êtes-vous retiré?

R. A Paris.

D. Combien de temps y êtes-vous resté?

R. Six semaines environ; après cela, je me suis retiré à Lorient, mon pays, sur l'ordre du ministre de la guerre, pendant trois mois.

D. Depuis combien de temps habitiez-vous Arenemberg?
R. Depuis le mois de janvier.

D. Êtes-vous venu seul à Paris?
R. Oui, Monsieur.

D. Où êtes-vous descendu, en arrivant à Paris?
R. A l'hôtel des États-Unis, rue Notre-Dame-des-Victoires.

D. Êtes-vous allé directement de cet hôtel dans celui que vous habitiez en dernier lieu?
R. Oui, Monsieur.

D. Qui vous avait indiqué ce dernier logement?
R. Je l'avais trouvé en cherchant à me loger. Ce n'est point un hôtel, c'est une maison particulière.

D. Quel jour êtes-vous arrivé à Paris?
R. Le 30 mai dernier.

D. Vous avez déclaré que le but de votre voyage était de faire imprimer la brochure qui est la cause de votre arrestation, et qui vous a été représentée. Persistez-vous dans cette déclaration?
R. Oui, Monsieur.

D. Votre voyage n'avait-il pas encore un autre but?
R. Non, Monsieur.

D. Ne vous êtes-vous pas adressé à d'autres imprimeurs avant de vous adresser au sieur *Thomassin?*

R. Je me suis adressé à M. *Éverat*, qui m'a refusé.

D. Qui est-ce qui vous avait indiqué le sieur *Éverat?*

R. Mon Dieu, j'ai pris le premier venu; M. *Éverat* s'est trouvé le premier et M. *Thomassin* le second.

D. A combien d'exemplaires avez-vous demandé que la brochure fût tirée?

R. A dix mille.

D. Ces dix mille exemplaires vous ont-ils été livrés?

R. Oui, Monsieur le Chancelier.

D. Qu'en avez-vous fait?

R. Je les ai distribués.

D. Les avez-vous distribués en entier?

R. Oui, Monsieur; moins les deux cents et quelques qu'on a saisis chez moi.

D. Quel jour vous a été faite la livraison de ces exemplaires?

R. Jeudi dernier, vendredi et samedi, en trois jours.

D. Vous n'avez pas distribué ces exemplaires un à un, vous les avez distribués par masse?

R. J'en ai distribué un grand nombre d'exemplaires par des porteurs.

D. Mais vous n'avez pas fait distribuer dix mille exemplaires par des porteurs?

R. Je refuse de répondre à cette question.

D. Je vous représente une note saisie dans vos papiers et d'où il résulte que deux mille huit cents exemplaires seulement auraient été distribués par des porteurs?

R. Je reconnais cette note; mais rien ne prouve que ce chiffre de deux mille huit cents fût définitif.

D. Vous donnez donc à entendre que vous auriez fait distribuer, par des porteurs, un plus grand nombre d'exemplaires ?

R. Je ne dis rien là-dessus, Monsieur le Chancelier.

D. Je trouve encore, sur cette note : « 650 exemplaires pour *Saint-Edme ?* »

R. C'est vrai.

D. Quel est ce *Saint-Edme ?*

R. Je ne le connais pas. On m'a dit de lui envoyer ces exemplaires, et je les lui ai envoyés.

D. Qui est-ce qui vous a dit de lui envoyer ces exemplaires ?

R. Monsieur le Chancelier, je garde le silence là-dessus.

D. Je lis sur cette note : « 100 à *Belmontet,* 100 à *Laity* (c'est « vous-même), 100 au général *Vaudoncourt,* 150 à *Félix Desportes,* « 50 à *Leguay.* » Vous avouez toutes ces distributions ?

R. Oui, Monsieur.

D. Il est difficile que vous ayez pu faire, en si peu de temps, la distribution de 10,000 exemplaires. N'y a-t-il pas quelque part un dépôt où l'on trouverait de ces exemplaires en grand nombre ?

R. J'en ai envoyé beaucoup dans les provinces, de côté et d'autre.

D. Dans quelles villes de province en avez-vous envoyé ?

R. Je ne puis pas répondre à cette question. J'ai publié une brochure : que je l'aie répandue à mille ou à cent mille exemplaires, le délit est le même.

D. Vous n'aviez donc pas fait imprimer cette brochure pour la vendre ?

R. Non, Monsieur.

D. N'en avez-vous pas envoyé à Toulouse particulièrement ?

R. Non, Monsieur.

D. N'en avez-vous pas envoyé à Marseille ?

R. Non, Monsieur.

D. C'est que je trouve ces noms sur la note dont je vous ai parlé tout à l'heure?

R. Si ces noms se trouvent écrits, c'est que j'avais l'intention d'en envoyer; mais, pour cela, il me fallait trouver des correspondants. Si j'avais pu envoyer cette brochure dans toutes les villes, et même dans tous les villages de France, je l'aurais fait.

D. Vous ne vous dissimuliez cependant pas que la publication de cette brochure était un délit, et vous ne craigniez pas de l'étendre autant?

R. Délit si l'on veut. Quand j'ai dit que le délit était évident, j'ai voulu dire que l'existence de la brochure était patente. Après cela, je ne peux pas vous empêcher de trouver un délit dans la brochure même; j'observe cependant de nouveau qu'elle est rédigée en termes inoffensifs.

D. Ce n'est pas chez le sieur *Thomassin* que vous avez pris les exemplaires de cette brochure?

R. Non, Monsieur, c'est chez le brocheur.

D. N'en reste-il pas des exemplaires chez ce brocheur?

R. Non, Monsieur, puisque je les ai tous pris.

D. La distribution n'était cependant pas encore achevée, car, hier encore, on a apporté 200 exemplaires chez vous; et ces exemplaires venaient nécessairement d'un dépôt que vous devez connaître, car, il n'y en avait plus chez l'imprimeur.

R. Je ne puis pas savoir d'où sont venus ces exemplaires. J'en ai envoyé à quelques personnes qui ne me connaissaient pas et que je ne connaissais pas non plus; il est possible que plusieurs d'entre elles les aient renvoyés.

D. Ces personnes vous avaient-elles fait demander ces exemplaires?

R. Il y en a qui me l'avaient fait demander; j'en ai envoyé à d'autres sans qu'elles me l'eussent demandé. Ainsi, la veille de mon arrestation, j'ai porté 200 exemplaires chez un général que je n'ai pas trouvé chez lui. Ce sont ces exemplaires qu'on a saisis chez moi.

D. Quel est ce général dont vous parlez?

R. Je ne dirai pas son nom.

D. Vos relations avec M. *Félix Desportes* étaient-elles anciennes?

R, Oui, Monsieur; elles dataient de plus d'un an.

D. Où l'avez vous connu?

R. A Paris.

D. Est-ce aussi à Paris que vous avez connu le sieur *Belmontet?*

R. J'ai vu M. *Belmontet* une fois dans ma vie; dernièrement je suis allé lui porter une carte; je ne l'ai pas trouvé.

D. Pouvez-vous dire le nom d'un jeune homme blond qui venait souvent vous voir rue Feydeau?

R. Il venait plusieurs jeunes gens me voir. Je ne me rappelle pas s'il y en avait un dans le nombre qui fût blond.

D. Est-ce qu'il n'y avait pas un jeune homme plus lié avec vous que les autres, qui avait un accent étranger et qui se croyait le droit d'entrer dans votre chambre à toute heure?

R. Il y a un nommé *Lombard* avec lequel je suis lié.

D. A-t-il servi avec vous?

R. Non Monsieur,

D. A-t-il été militaire?

R. Il a été chirurgien militaire.

D. Où demeure-t-il?

R. Rue Clément. J'allais souvent chez lui; mais je ne sais pas son numéro.

3e Interrogatoire subi, le 23 juin 1838, devant M. le Chancelier.

D. Savez-vous qu'il a été publié une traduction allemande de la brochure que vous avez publiée ici?

R. Oui, Monsieur.

D. Cette traduction est-elle exacte et complète?

R. Oui, Monsieur, à quelques mots près que le traducteur a pu changer.

8

D. Consentez-vous à la signer avec nous *ne varietur?*

R. Oui, Monsieur.

D. Hier et avant-hier, dans les interrogatoires qui vous ont été faits, il a été question de la qualification qui pouvait être donnée à l'écrit que vous avez publié. La qualification de délit que vous lui aviez vous-même reconnue dès le premier moment n'est pas la véritable. Cet écrit peut être caractérisé d'attentat, et c'est à ce titre que vous êtes traduit devant la Cour des Pairs. Je vous donne cet avertissement, afin que vous compreniez mieux l'importance des explications qui vous seront demandées. Quel a été votre but en publiant l'écrit intitulé : *Le prince Napoléon à Strasbourg?*

R. De faire connaître l'affaire de Strasbourg telle qu'elle s'est passée.

D. Cet écrit n'est pas purement historique des faits de Strasbourg ; il contient le récit de faits antérieurs à ceux qui se sont passés à Strasbourg ; il contient des conversations, des discours attribués au prince *Louis* ; il contient enfin des appréciations des différents faits, des discours, des conversations et des réflexions sur ces mêmes faits. Avouez-vous, comme étant vôtre, le récit de ces faits, leur appréciation et les observations auxquelles ils donnent lieu dans votre brochure?

R. Oui, certainement.

D. Ainsi, tout ce que vous mettez dans la bouche du prince *Louis,* vous le reconnaissez comme étant l'expression de vos propres opinions, de vos propres sentiments?

R. Oui, Monsieur le Chancelier.

D. Ainsi vous considérez comme vrai que l'affaire de Strasbourg est venu raviver un parti que l'on croyait mort et réveiller les secrètes sympathies du peuple?

R. Certainement.

D. Ainsi vous pensez que ce n'est qu'après de graves investigations sur l'état de la France, que ce n'est qu'après avoir pesé toutes les chances qui étaient en faveur de son entreprise, que le prince en arrêta l'exécution?

R. Oui, Monsieur.

D. Vous considérez que le prince *Napoléon* était le véritable représentant de la cause populaire?

R. Oui, Monsieur le Chancelier.

D. Vous dites qu'en 1832, *Napoléon II* vivant encore et étant le but de bien des espérances, le prince *Napoléon* se chargea de le représenter auprès des nombreux partisans que le fils de l'empereur comptait en France. On sait, suivant vous, qu'à cette époque une grande partie de l'armée était prête à recevoir *Napoléon II* s'il se présentait à la frontière; qu'un corps d'armée tout entier, colonels et généraux compris, l'attendait. Sur quoi fondez-vous l'existence d'un fait aussi offensant, aussi calomnieux pour l'armée française, et aussi étranger au récit que vous prétendiez faire de ce qui s'est passé à Strasbourg?

R. Je ne répondrai pas à cette question; vous pensez bien que je ne puis pas le faire.

D. A la page 17 de votre brochure, en parlant du prestige du droit qui n'existe plus en France dans la personne d'un Roi, d'un seul, et qui ne peut se trouver que dans la volonté de tous, vous ajoutez: «Les hommes qui en 1830 ont méconnu ce principe ont trahi nos «intérêts les plus sacrés; ils ont bâti un édifice dont ils ont oublié les «fondements.» Ne voyez-vous pas que vous attaquez formellement la révolution de juillet 1830 et le gouvernement qu'elle a fondé?

R. Je n'attaque pas du tout la révolution de juillet; je la respecte autant que qui que ce soit; je n'attaque que ses conséquences.

D. Vous attaquez par conséquent le gouvernement qu'elle a fondé?

R. Oui, certainement.

D. La réponse que vous venez de faire est en effet conforme à ce qui suit; car on y voit qu'à la suite de conversations que vous prêtez sur ce sujet au prince *Louis*, avec plusieurs hommes influents, vous arrivez à dire qu'il ne manque plus à la génération présente qu'une occasion solennelle pour faire l'application des principes que vous posez contre l'existence du Gouvernement. Alors, dites-vous, alors seulement la grande révolution de 1789 sera terminée, et vous

ajoutez : « Qui pourrait mieux que le prince *Napoléon* aider à l'ac-
« complissement de cette œuvre sociale, lui dont le nom est une ga-
« rantie de liberté pour les uns, d'ordre pour les autres, et un souvenir
« de gloire pour tous. » Ne voit-on pas dans ces paroles que le prince
Louis est l'instrument à l'aide duquel, suivant vos vœux, le Gouvernement de la révolution de juillet doit être renversé?

R. Oui, je crois que le prince est le chef qui convient le mieux à
la France maintenant.

D. A la page 19, après avoir énuméré tous les troubles qui ont
successivement affligé la France, et dont le Gouvernement a glorieusement triomphé, vous ajoutez : « Le pouvoir se voit chaque jour
« contraint de chercher sa force dans un nouveau sacrifice de nos li-
« bertés, et, s'il réussit un moment à désarmer les partis, il n'en rallie
« aucun; ainsi, ce n'était que pour obtenir une tranquillité factice,
« qu'il avait compromis la dignité de la France en Europe. » — Ne
voyez-vous pas toute la gravité de l'offense qui résulte pour le Gouvernement de la publication de telles paroles; et en avez-vous bien
compris toute la portée.

R. Je laisse à mes avocats le soin de répondre là-dessus.

D. A la page 21, vous introduisez le général *Lafayette*, et vous lui
prêtez d'avoir engagé fortement *Napoléon Louis* à saisir la première
occasion de revenir en France, car, suivant vous, disait *Lafayette* au
prince *Louis*, ce Gouvernement-ci ne pourra pas se soutenir et votre
nom est le seul populaire. Enfin, ajoutez-vous, *Lafayette* promit au
prince de l'aider de tous ses moyens, lorsque le moment serait arrivé.
Ne voyez-vous pas que, sans la preuve la plus démonstrative, il ne saurait être permis d'invoquer un nom aussi illustre, de lui prêter des sentiments et des paroles aussi contraires aux principes qu'il a toujours
professés, et à la foi qui est due au serment qu'il avait prêté au Gouvernement de juillet? Ne voyez-vous pas que l'usage que vous faites ici
de ce nom est, par l'ascendant qui ne peut manquer de lui être attribué, une véritable provocation à la révolte?

R. Je ne crois pas, d'abord, calomnier M. *de Lafayette:* la vérité
ne peut pas être une calomnie. L'entrevue dont il est question dans
cette brochure a eu réellement lieu à Paris en 1833. Il est certain,
ensuite, qu'en me servant du nom de *Lafayette* c'était un grand appui,

un grand soutien que je donnais à notre cause; je ne l'aurais pas fait sans cela.

D. L'existence d'une entrevue ne suffirait pas pour prouver qu'une telle conversation ait eu lieu ?

R. Vous pouvez tout nier, Monsieur le Président.

D. A la page 22, vous dites que le plan du prince *Louis,* que lui seul savait, et qu'il vous est maintenant permis de révéler, consistait à avoir dans tous les partis des personnes qui connussent ses vues patriotiques et son esprit de conciliation, et dans chaque régiment un ou plusieurs officiers dont le caractère et les opinions bien connus de lui fussent une garantie suffisante de leur dévouement à sa cause. Cette organisation, ajoutez-vous, bien étrangère à une conspiration vulgaire, était achevée dès 1835. Ne voyez-vous pas que cette révélation, outre qu'elle est dénuée de toute preuve, et qu'elle a tous les caractères d'une calomnie, largement versée sur la population et sur l'armée, est une véritable provocation à entrer dans des complots pareils que vous présentez, d'ailleurs, comme si faciles et si naturels.

R. Toutes ces questions se ressemblent un peu; je ne pourrais guère y faire que les mêmes réponses. J'ai accepté la responsabilité de la brochure; vous pouvez en tirer toutes les conséquences que vous voudrez. Tout ce que je puis dire, c'est que cette brochure est la relation de faits que je crois exacts, et l'expression d'opinions que je crois bonnes et qui sont les miennes.

D. A la page 24, après avoir fait dire au prince que le grand avantage de la cause impériale c'était d'être, aux yeux de l'Europe, un principe légitime, tout en représentant en France un principe démocratique, vous ajoutez : «Le prince était donc assuré, autant qu'il «pouvait l'être, de la sympathie du peuple pour sa cause, de l'assen-«timent de l'armée et des dispositions favorables des différents partis, «lorsqu'il reçut des lettres qui le portèrent à croire qu'il pouvait pro-«fiter des avis qu'il avait reçus depuis longtemps, pour se décider «à renverser un gouvernement qu'il croyait opposé au bonheur de «son pays.» Ainsi l'idée de renverser le Gouvernement vous paraît une conséquence juste et naturelle de tout ce que vous avez dit précédemment; et ne voyez-vous pas encore que la manière dont vous présentez cette idée est une provocation évidente à de nouvelles tentatives pour renverser ce Gouvernement? N'est-ce pas là, en effet, le but que vous vous êtes proposé par la publication de votre brochure?

R. Monsieur le Président, je vous ai déjà dit que j'avais publié cette brochure pour éclairer l'opinion sur les événements de Strasbourg. J'y ai joint tous les documents nécessaires à l'intelligence des faits; tant pis pour le Gouvernement s'ils lui sont nuisibles, tant mieux pour nous s'ils nous sont avantageux.

D. A la page 26, vous dites : «Le prince ayant des amis dévoués «dans toutes les grandes villes, il ne pouvait encore savoir si le mou- «vement qu'il projetait se ferait dans les départements ou dans la Ca- «pitale elle-même.» Ceci suppose encore des ramifications, qui ne sont vraisemblablement présentées au public comme certaines que pour faciliter celles que, dans ce même but, on pourrait espérer d'établir un jour. Reconnaissez-vous ce but-là?

R. Non, je ne reconnais pas ce but-là. Je reconnais seulement ce que j'ai dit comme exact. Je vous assure que vous me faites voir dans ma brochure des choses que je n'y avais jamais vues.

D. J'aime à le croire. Dans les pages 31 et 36, vous présentez un tableau fantasmagorique et tout à fait imaginaire des conséquences du succès du prince *Louis,* s'il avait eu lieu à Strasbourg. L'étendue que vous donnez à ces conséquences, et la rapidité avec laquelle vous les faites marcher, n'entrent-elles pas encore dans ce plan, que vous paraissez avoir adopté, de montrer comme toujours imminente et facile une insurrection au profit de ce que vous appelez le parti napoléonien? N'est-ce pas encore là une provocation évidente dont le résultat pourrait être uniquement de faire courir quelques jeunes insensés à leur perte, mais dont la conception n'est pas moins odieuse et criminelle ?

R C'est ma conviction bien sincère que j'ai émise là.

D. Ce que vous dites ici de votre conviction explique clairement le but que vous vous êtes proposé et auquel vous avez marché en publiant cette brochure. Je passe rapidement sur tous les détails que vous donnez sur la manière dont fut conduite à Strasbourg l'entreprise insensée du prince *Louis;* mais je ne puis m'empêcher de m'arrêter sur ce paragraphe qui se trouve à la page 48, et qui

est ainsi conçu : « Toutes ces considérations furent pesées et ana-
« lysées par le prince avec une grande netteté de vues. Hélas !
« pourquoi ces idées n'ont-elles pas pu avoir leur complète exécution ? »
Ainsi, encore aujourd'hui, vous ne craignez pas de déplorer, à la
face du public, le non-succès d'une entreprise dont le but était de
renverser le gouvernement constitutionnel de la France. Ce regret
ne pourrait-il pas être considéré encore comme une nouvelle provocation ?

R. Je n'ai rien à répondre. Je ne puis que répéter ce que je dis
dans la brochure. Je regrette bien sincèrement que nous n'ayions pas
réussi.

D. Que vous ayiez encore ce regret, soit, si votre conscience vous
le permet ; mais comment avez-vous pu croire qu'il vous fût permis
de le publier ?

R. Je n'ai rien à répondre.

D. A la page 52, vous mettez dans la bouche du prince ces paroles : « Soldats, ralliez-vous à ce noble étendard, je le confie à votre
« honneur et à votre courage. Marchons ensemble contre les traîtres et
« les oppresseurs de la patrie, au cri de vive la France, vive la
« liberté. » Ainsi, comme vous marchiez contre le Gouvernement
constitutionnel du Roi des Français, c'est ce gouvernement que vous
qualifiez de ces mots : « Traître et oppresseur de la patrie. » Ces
paroles ne renferment-elles pas la plus grave et la plus coupable des
offenses, et, en supposant qu'elles aient été prononcées, comment avez-
vous pu croire qu'il vous fût permis de les répéter et de les raviver
par la publicité que vous leur donnez ?

R. Je rapporte les faits tels qu'ils se sont passés.

D. Je vous fais remarquer que ceci n'est pas seulement une exposition de faits, c'est encore une expression de sentiments. A la
page 59, vous vous efforcez de faire croire que l'entreprise de Strasbourg n'a échoué que par l'effet qu'aurait produit un mensonge,
méconnaissant ainsi tout ce qu'il y a eu de noble et de dévoué dans la
conduite des militaires, du moment où l'immense majorité de ces militaires a été avertie de la tentative qui se pratiquait et des conséquences qu'elle pouvait avoir. Dans cette occasion, comme dans tout

le reste de votre brochure, vous calomniez l'armée avec la persévé-
rance la plus coupable?

R. Vous avez le droit de dire que j'en ai menti d'un bout à l'autre;
mais les faits sont là : c'est le colonel Taillandier lui-même qui, à la
cour d'assises, a déclaré qu'il avait dit à ses soldats que le prince
n'était que le neveu du colonel Vaudrey. Il y a un autre fait très-
important et que j'ai omis de mentionner dans ma brochure : c'est
qu'au cri de *vive l'Empereur!* les soldats auraient dû répondre par
le cri de *vive le Roi!* Or, pas un soldat du 46ᵉ n'a proféré ce cri.

D. L'attitude qu'a prise la garnison tout entière de Strasbourg
répond suffisamment à ce que vous venez de dire. A la page 64,
en parlant des proclamations destinées au peuple et qui ne purent
être imprimées à temps pour être distribuées, vous vous écriez encore : «Malheureusement!» L'usage de ce mot est, au reste, une
conséquence trop naturelle des sentiments contenus dans votre brochure, et dont vous venez de renouveler devant nous l'expression;
mais il m'est impossible de ne pas le noter. A la page 67 vous avancez
que, lorsqu'on fut informé à Paris de l'affaire de Strasbourg, des
officiers généraux et supérieurs, au nombre de quatre-vingts, se
réunirent et s'engagèrent à protester contre la mise en accusation
du prince; vous ajoutez que, d'un autre côté, plusieurs Pairs de
France, croyant être appelés à juger les accusés de Strasbourg,
écrivirent au Roi pour récuser une semblable mission. Quand on
avance de tels faits, il faudrait être en mesure de les prouver, et,
lorsque rien ne peut les démontrer, il en reste une calomnie qui ne
peut être attribuée qu'à la plus coupable intention, celle de présenter,
par l'appât d'un récit mensonger, l'espérance des facilités qu'on semble
promettre pour l'avenir à ceux qui voudraient s'engager dans les
mêmes voies?

R. Ce ne sont pas de ces faits qu'on prouve devant un tribunal;
j'aime mieux rester sous le coup de cent calomnies de ce genre-là,
que sous le coup d'une seule dénonciation.

D. Les pages 68, 69, 70, 71, 72 et 73, sont entièrement em-
ployées dans votre récit à atténuer, s'il était possible, l'effet qu'a dû
produire sur tous les esprits la générosité si remarquable avec laquelle
le Roi, en éloignant le prince *Louis*, et en le tirant pour cela de sa

captivité, a voulu lui épargner tout ce que pouvait avoir de fâcheux et de dangereux pour lui sa mise en jugement. C'est bien mal reconnaître un si beau et si noble procédé?

R. Je n'ai jamais regardé la conduite du Roi comme un acte de clémence.

D. A la page 75 voici l'assertion que vous vous permettez : « On « sait que le jury Alsacien, entraîné, non, comme on l'a dit, par un sen- « timent de légalité violée, mais par la sympathie de toute la population « pour la cause napoléonienne, a prononcé le verdict d'acquittement, « qui a renversé les doctrinaires et ébranlé le Gouvernement. » Ainsi, prenant sur vous de mettre au néant les motifs de légalité qui ont pu entraîner la détermination du jury, vous lui en prêtez qui réduiraient ce jury à n'être plus que l'expression d'un parti. Vous supposez qu'il aurait menti à tous ses devoirs, pour servir ce que vous appelez la cause napoléonienne.

R. Oui, Monsieur le Président, je crois le jury alsacien très-partisan de la légalité, mais je le crois aussi très-partisan de la cause que nous avons défendue à Strasbourg.

D. A la page 76, méconnaissant encore la générosité dont le Gouvernement français a usé envers le prince, vous ne craignez pas de dire que, tout en tâchant d'étouffer son entreprise, il a été obligé de reconnaître en lui la dynastie napoléonienne, confondant ainsi l'intérêt qu'a pu encore inspirer, malgré ses erreurs, le nom que portait le prince *Louis*, avec l'existence de droits qui ne seraient pas compatibles avec ceux du gouvernement que la France avoue, reconnaît, et qu'elle s'est donné à la révolution de juillet; poursuivant ainsi le cours d'ingratitude qui vous a déjà été reproché, vous en faites sortir une sorte de reconnaissance et de proclamation de cette dynastie napoléonienne, dont vous avez été le champion à Strasbourg, et à laquelle vous vous efforcez de ménager toutes les chances d'un avenir auquel vous voudriez faire croire quelque valeur.

R. A propos de dynastie, c'est de l'histoire; il y a la dynastie de la branche aînée comme la dynastie napoléonienne : ces dynasties ne se regardent pas comme finies.

D. Et vous, sans doute, vous ne regardez pas non plus la dynastie napoléonienne comme finie?

9

R. Mon Dieu ! Monsieur le Président, je ne suis pas très-fort sur les dynasties en général. La véritable dynastie, pour moi, est celle qui offre le plus de garanties à la France.

D. Enfin, à la suite de votre brochure, et ceci est infiniment grave, vous avez reproduit les proclamations qui avaient accompagné l'entreprise du prince *Louis,* à Strasbourg. Vous leur donnez, par cette publicité, une nouvelle existence; et, attendu leur contenu, que vous connaissez si bien et que je n'ai pas besoin, par conséquent, de vous rappeler en détail, vous vous permettez de faire la plus audacieuse provocation qui se puisse concevoir au renversement du gouvernement établi?

R. Ces proclamations ont été publiées, dans le temps, par tous les journaux, et je ne sache pas qu'ils aient été incriminés pour cela. Si je publiais maintenant les proclamations des Bourbons, en 1814 et en 1815, ou celle de *Napoléon* au retour de l'île d'Elbe, je ne pense qu'on pût m'en faire un crime, et cependant la cause des Bourbons n'est pas encore une cause morte.

D. Après ce qui vient de vous être dit sur ce que contient votre brochure, persistez-vous à dire qu'elle est entièrement de vous, que vous en êtes l'auteur dans toutes ses parties, et non pas seulement l'éditeur?

R. Je fais remarquer qu'à la note 1re, au bas de la page 6, je dis que M. *de Persigny* a fait paraître, à Londres, une brochure à laquelle j'ai emprunté des phrases et même des paragraphes tout entiers. Vous voyez que la brochure allemande porte ces mots :«Par «un témoin oculaire, » parce que là nous avons eu toute facilité pour la faire imprimer. En France, il n'en est pas de même; il faut un nom d'auteur; sans cela l'imprimeur s'expose à des peines graves. C'est pourquoi je me suis décidé à venir à Paris pour la faire imprimer, et j'y ai mis mon nom.

D. Aucune autre personne que vous, ou M. *de Persigny,* n'a-t-elle travaillé à cette brochure?

R. Non, Monsieur. Je vous fais seulement observer que je l'ai faite à Arenemberg, sous les yeux du prince, qui, par conséquent, en a eu connaissance. Je vous dirai même que la plupart des notes et des corrections qu'on trouve sur le manuscrit sont de la main du prince.

D. Outre les notes portées sur le manuscrit, et que vous dites être de la main du prince, pourriez-vous indiquer d'autres passages qu'il aurait ajoutés à votre composition?

R. Il peut se faire qu'il y en ait, je ne m'en souviens plus.

D. L'édition française et l'édition allemande sont-elles parfaitement conformes?

R. Oui, elles ont été faites sur deux manuscrits semblables.

D. Est-ce-vous qui avez fait la traduction allemande?

R. Non, Monsieur; je ne sais pas un mot d'allemand.

D. Qui est-ce qui l'a faite?

R. La brochure a été envoyée en français à Stuttgard, c'est le libraire qui a fait faire la traduction.

D. Le manuscrit que je vous représente, et qui a été saisi dans vos papiers, est bien celui sur lequel l'impression a été faite?

R. Oui, Monsieur.

D. Vous souvenez-vous du motif que vous a donné le sieur *Éverat* pour se refuser à imprimer votre brochure?

R. Il ne m'en a pas donné d'autre que ceux qui sont consignés dans sa lettre que vous avez sous les yeux.

D. Je vous représente une lettre en date du 11 juin 1838 [1], commençant par ces mots : « Mon cher ami, j'ai été... » et finissant par ceux-ci : « Un nom plus propre. » Reconnaissez-vous cette lettre?

R. Oui, Monsieur; cette lettre est du prince. Elle m'est adressée.

D. Pouvez-vous désigner les noms qui ne sont indiqués dans cette lettre que par des initiales?

R. Non, Monsieur; ce ne sont pas des initiales; ce sont des lettres conventionnelles.

D. A la première page de cette lettre, on lit : « Mais ce qui est « essentiel que je sache, c'est le maximum des peines. Écrivez-le-moi « le plus tôt possible. » A quelles peines cette phrase se rapporte-t-elle?

---

[1] Voir cette lettre, page 11 du Rapport.

R. Le prince est si bon, qu'il craignait pour moi des peines trop graves; il m'avait même dit : « Ne publiez pas votre brochure, «si vous craignez que la peine soit trop forte. » Je lui ai répondu à ce sujet.

D. Ainsi, vous vous attendiez, ainsi que lui, à des poursuites?

R. Je ne m'y attendais pas précisément; mais je savais qu'il y avait des chances pour que je fusse poursuivi.

D. Avec quels fonds avez-vous fait imprimer votre brochure?

R. Avec des fonds que j'avais à ma disposition.

D. Qui est-ce qui avait mis ces fonds à votre disposition?

R. Je ne réponds pas à cette question, et, désormais, je serai très-avare de mes réponses.

D. La lettre du prince vous a été adressée sous le nom de *Lombard?*

R. Oui, Monsieur.

D. C'est le nom de la personne dont je vous ai parlé hier?

R. Oui, Monsieur; je ne voulais pas que la personne chez laquelle j'allais chercher les lettres du prince sût que je m'appelais LAITY, parce que c'est un nom assez mal noté sous certains rapports. Alors j'ai pris le nom d'un ami, un nom insignifiant.

Et a signé avec nous et le greffier de la Cour.

Après que l'interrogatoire ci-dessus a été signé, nous avons adressé au sieur *Laity* la question suivante :

D Aviez-vous apporté en France, ou bien avez-vous trouvé à Paris l'argent qui a servi à payer votre brochure?

R. J'en ai apporté une partie en France, j'ai trouvé l'autre à Paris.

4e interrogatoire subi le 25 juin 1838, devant M. le Chancelier.

D. Je me suis aperçu que, lors de votre dernier interrogatoire, j'avais oublié de vous faire expliquer sur un passage de votre brochure qui peut avoir d'autant plus d'importance, que vous avez déclaré que vous adoptiez et preniez pour vôtres toutes les opinions

émises par le prince *Louis*. Voici ce passage; il se trouve à la page 8 7,
et termine l'extrait d'une lettre écrite par le prince, du Port-Louis, à
M. Odilon-Barrot, en date du 15 novembre 1836 : « Vous voyez
« donc, Monsieur, que c'est moi qui les ai séduits, entraînés, en leur
« parlant de tout ce qui pouvait le plus émouvoir des cœurs français;
« ils me parlèrent de leurs serments : je leur rappelai qu'en 1815 ils
« avaient juré fidélité à Napoléon II et à sa dynastie; l'invasion seule,
« leur dis-je, vous a délié de vos serments. Eh bien! la force peut ré-
« tablir ce que la force seule a détruit. » Ne comprenez-vous pas tout
ce que pourrait avoir de dangereux, et par conséquent de coupable,
l'exposition d'une pareille doctrine, si complétement subversive de
la foi qui est due au serment, et qui ne tendrait à rien moins qu'à
faire croire que la fidélité due aux serments les plus sacrés et les
plus solennels doit disparaître dès la première apparence du succès
qui serait obtenu par une tentative formée contre le Gouvernement
existant?

R. Monsieur le Président, cette question est précisément celle que
me fit à Strasbourg le président des assises. Je ne jugeai pas alors à
propos d'y répondre; aujourd'hui je vous dirai, ce que tout le monde
sait, que les serments sont des singeries, et que par conséquent on
n'est pas un grand scélérat pour les violer.

D. Quelle est exactement votre situation militaire en ce moment?

R. J'ai donné ma démission; elle a été acceptée le 20 mai, autant
que je m'en souviens. J'ai ici la lettre de M. le ministre de la guerre,
qui m'annonce que ma démission est acceptée.

Et à l'instant le sieur *Laity* nous a représenté la lettre dont il
s'agit; nous constatons qu'elle porte la date du 26 mai 1837, et
nous annonçons au sieur *Laity* qu'elle restera annexée à notre procès-
verbal, en date de ce jour.

COPIE DE LA LETTRE ANNEXÉE.

Paris, le 26 mai 1837.

Je vous informe, Monsieur, que, par décision du 20 mai courant, le Roi a accepté
votre démission. Cette circonstance vous plaçant dans l'un des cas prévus par l'article 1er de la loi du 19 mai 1834, sur l'état des officiers, en ce qui concerne la perte
de votre grade, vous cessez de faire partie de l'armée et vous êtes rendu à la vie

civile si vous avez satisfait à toutes les obligations imposées par la loi sur le recrutement.

Le Pair de France, Ministre Secrétaire d'État de la guerre,

Signé Bernard.

5e interrogatoire subi, le 26 juin 1838, devant M. le Chancelier.

D. Je vous représente une pièce qui a été saisie dans vos papiers, et qui contient des notes sur l'emploi de diverses sommes, et d'autres indications? la reconnaissez-vous?

R. Oui, Monsieur.

D. Consentez-vous à la signer avec nous, *ne varietur?*

R. Oui, Monsieur.

D. Les quatre premiers articles, avec l'addition qui est au-dessous, paraissent se rapporter à des sommes d'argent.

R. Je n'ai aucune explication à vous donner là-dessus; vous tirerez de mon silence telle conséquence que vous voudrez.

D. Je vous ferai remarquer que, bien que vous ayez nié avoir envoyé votre brochure à Toulouse, il semblerait résulter de cette note que quatre cents exemplaires auraient été envoyés dans cette ville.

R. Je reconnais cette note comme étant relative aux placements que j'ai faits de ma brochure. Il y a aussi sur cette note un état de dépenses.

D. N'avez-vous rien à dire relativement à un dépôt de brochures ou d'argent dont l'existence semblerait résulter de cette note?

R. Ce dépôt de brochures a existé pendant quelques jours; mais il ne doit plus exister depuis que la brochure a été distribuée.

Pour copie conforme :

Le Greffier en chef de la Cour des Pairs,

E. Cauchy.

COUR DES PAIRS.

AFFAIRE LAITY.

RÉQUISITOIRE

DE

M. LE PROCUREUR GÉNÉRAL DU ROI.

COUR DES PAIRS.

AFFAIRE LAITY.

RÉQUISITOIRE

DE

M. LE PROCUREUR GÉNÉRAL DU ROI.

MESSIEURS,

Si vous êtes aujourd'hui appelés pour la première fois
à exercer la haute juridiction que vous attribue la loi du
9 septembre 1835, c'est que pour la première fois aussi,
depuis sa promulgation, cette loi a été audacieusement
bravée. Elle n'avait pas pour but, elle ne devait pas avoir
pour effet d'imposer silence à cette polémique des partis
qui est un des dangers des gouvernements libres, mais
qui est aussi une de leurs nécessités les plus absolues,
un de leurs ressorts les plus puissants.

10

Le législateur avait seulement espéré que ces dispositions nouvelles renfermeraient désormais cette lutte iné-
vitable dans les limites que la Constitution lui impose, et
que les lois existantes n'avaient pas la force de lui faire
toujours respecter. On voulait mettre un terme à ces
provocations criminelles, à ce système de dénigrement
et d'offenses, à ces attaques contre le principe et la forme
du Gouvernement, qui avaient pour but avoué le renversement de nos institutions, et dont la funeste portée avait
été si douloureusement démontrée.

Cet espoir, Messieurs, n'a pas été déçu. Les factions
n'ont point cessé sans doute de chercher à répandre par
les mille voix de la presse les principes, les idées, les
sentiments sur lesquels elles s'appuient, et, trop souvent
encore, elles ont encouru les répressions légales. Mais,
du moins, elles n'arboraient plus l'étendard de la révolte;
on ne voyait plus apparaître ces publications ardentes
dans lesquelles l'offense prodiguée sans pudeur à la personne sacrée du Monarque, des formes différentes de
gouvernement ouvertement célébrées, des défis jetés avec
insolence au pouvoir établi, faisaient fermenter toutes les
mauvaises passions, entretenaient les ambitions aventureuses, et tourmentaient sans relâche la sécurité publique.

C'est donc avec un sentiment de surprise et de regret
qu'on a vu quelques hommes s'efforçant de donner à des
souvenirs la réalité d'une opinion actuelle et d'un intérêt
politique, se poser comme les représentants d'un parti,
lancer en quelque sorte leur manifeste, proclamer hautement leurs espérances et leur but, et chercher dans
l'audace et le mensonge de nouveaux éléments de succès
pour une conspiration avortée.

Ce qui donnait à cette manifestation un degré plus
grand encore de gravité, c'est qu'elle était l'œuvre de l'un
des hommes qui avaient pris part à l'attentat de Strasbourg, de l'un des officiers qui s'étaient efforcés d'en-

traîner dans la révolte les soldats placés sous leurs ordres. Fier de l'impunité comme d'une victoire, il racontait avec orgueil tous les détails de son crime, et semblait défier une seconde fois les lois qu'il avait déjà trouvées impuissantes.

Dans de telles circonstances, Messieurs, ces lois devaient être environnées de toutes les garanties qu'elles se sont données, et le Gouvernement aurait mal compris ses devoirs s'il n'avait pas réclamé votre puissante intervention. Lorsqu'au sortir d'une révolution, un gouvernement est parvenu, par sa modération et sa sagesse, à rallier les esprits, et à ne compter pour véritables ennemis que les fauteurs de désordre, il ne faut pas que l'audace de quelques factieux vienne ranimer les espérances de tous les autres, créer de nouvelles chances de troubles et ouvrir peut-être la carrière à une déplorable émulation. Vous vous êtes associés à ces pensées, Messieurs, en déclarant votre compétence. Il faut maintenant examiner si l'écrit déféré à votre justice présente, en effet, les caractères que nous lui reprochons, et si, par la publication qu'il en a faite, le sieur Laity s'est rendu coupable des crimes qui lui sont imputés.

Rappelons d'abord les termes de l'accusation. Elle repose sur deux chefs distincts qui se réunissent sous la qualification d'attentat : la provocation, non suivie d'effet à commettre le crime prévu par l'art. 87 du Code pénal, c'est-à-dire à changer le Gouvernement; l'attaque contre les droits que le Roi tient du vœu de la nation française et de la Charte constitutionnelle, attaque ayant pour but d'exciter à la destruction ou au changement du Gouvernement.

C'est seulement à raison de ce dernier caractère que l'attaque contre les droits du Roi devient un attentat contre la sûreté de l'État. Mais par cela seul que cette attaque se trouverait dans un ouvrage où le changement

du Gouvernement serait provoqué, le but que se serait
proposé celui qui l'a commise deviendrait évident, et la
circonstance aggravante serait établie.

Dans le système de l'accusation, le changement de
Gouvernement est le but de l'écrit: l'attaque et la provocation sont les moyens. A vrai dire, c'est le même attentat
qui a été commis sous deux formes différentes. Nous pouvons donc dès à présent conclure que si nous montrons
à la fois dans l'ouvrage incriminé une attaque contre les
droits du Roi et une provocation à changer le Gouvernement, nous aurons, par là même, établi que l'attaque
contre les droits du Roi a le caractère d'attentat défini
par l'art. 5 de la loi du 9 septembre.

Après cette première réflexion, qui contribuera à sim-
plifier la discussion, nous commencerons, Messieurs,
l'examen de l'ouvrage incriminé. C'est dans son ensemble
d'abord que nous devons montrer les caractères des
crimes imputés à son auteur. Nous ne pouvons cependant
le lire tout entier; et sachant bien que cette lecture atten-
tive et réfléchie sera le premier acte de vos délibérations,
nous nous bornerons à l'analyser rapidement, et à appeler spécialement vos méditations sur les passages qui
mettent le mieux en lumière la pensée de l'auteur, le but
qu'il se propose, et la nature des moyens qu'il emploie
pour l'atteindre.

Après avoir reconnu que, « depuis la mort de l'empereur
« et de son fils, la France n'avait plus qu'un souvenir
« vague des membres de la famille Napoléon encore exis-
« tants, et que le parti napoléonien n'avait plus un homme
« qui rappelât à lui les sympathies de la nation, et qui fût
« le représentant de la cause populaire, » l'auteur ajoute :
« Mais une cause trouve toujours un homme pour la re-
« présenter, et la destinée avait permis que dans la famille
« de l'empereur il se trouvât un héritier de ce grand nom
« qui eût les épaules assez larges pour soutenir le poids de

«vingt ans de malheurs, et le fardeau bien plus lo ird encore
«d'un avenir qu'il lui fallait conquérir pied à pied par
«son mérite et son courage. »

Qu'est-ce donc que cet avenir, Messieurs? quelles sont
ces destinées que l'on entrevoit pour le représentant de
de cette cause napoléonienne? C'est ce que l'auteur du
livre va bientôt nous apprendre.

Nous le voyons d'abord remarquer, comme en passant,
«que le roi de Rome et le prince Napoléon sont les seuls
«princes de la famille qui naquirent sous le règne impé-
«rial, et qui reçurent à leur naissance les honneurs mili-
«taires et les hommages du peuple. »

C'était, suivant lui, « pour donner à sa force continen-
«tale l'idée de la durée et de la fixité, que l'empereur saluait
«ainsi avec bonheur la venue des héritiers mâles de sa
« fortune politique; c'étaient des continuateurs futurs de
« ses projets, de sa pensée, de son nom et de son pouvoir,
«qu'il voyait dans les fils de son frère Louis. »

Ainsi, dès le début de l'ouvrage, ce n'est pas seulement sous les auspices du nom de l'empereur, c'est en
quelque sorte avec l'appui de sa volonté et de son choix
que l'auteur présente Louis Bonaparte à la France.

Il entre ensuite dans quelques détails biographiques
destinés à le montrer digne du rôle qu'il lui fait prendre,
et bientôt il essaye d'établir la légitimité de ses droits.

Il en trouve l'origine et la base dans un acte de l'an **XII**
qu'il qualifie de plébiscite, dont il rapporte les termes,
et qui appelait les neveux de Napoléon à lui succéder
après ses enfants adoptifs et deux de ses frères : puis,
sans même prendre la peine d'expliquer cette prétérition
des héritiers plus proches, il attribue sans façon le glorieux héritage à celui qui se présente pour le recueillir.

Il place ensuite dans la bouche de son prétendant, que
repousserait même le titre qu'il invoque, une discussion
dont le but est d'établir que cette hérédité impériale peut

seule constituer un gouvernement qui puise son existence
et sa force dans la sanction populaire; que ce Gouvernement serait seul assez puissant assez respecté pour assurer
à la nation la jouissance de grandes libertés sans agitation,
sans désordres; que tout autre pouvoir, privé d'un appui moral suffisant, forcé par le besoin de sa conservation, ne recu-
lerait pour se maintenir devant aucun expédient, aucune il-
légalité : « Comment donc, ajoute-t-il, recréer la majesté du
« pouvoir ? Où trouver un principe de force morale devant
« lequel s'inclinent les partis et s'annulent les résistances
« individuelles ? Où chercher enfin le prestige du droit qui
« n'exite plus en France dans la personne d'un roi, d'un seul,
« si ce n'est dans le droit, dans la volonté de tous ? C'est qu'il
« n'y a de force que là. Les hommes qui, en 1830, ont mécon-
« nu ce principe, ont trahi nos intérêts les plus sacrés; ils ont
« bâti un édifice dont ils ont oublié les fondations. »

Nous ne devons pas oublier ici que ces mêmes pensées,
ainsi développées dans le corps de l'ouvrage, sont repro-
duites avec une nouvelle insistance dans une lettre que
l'on annonce avoir été adressée par Louis Bonaparte à
M. Odilon-Barrot, et qui figure parmi les pièces justificatives annexées à l'écrit. La publication de cette lettre
par Laity lui en impose la responsabilité, et c'est là
qu'après avoir invoqué le principe de l'élection populaire
en 1804, on ajoute que ce principe n'a pu être annulé ni
« par les douze cent mille étrangers de 1815, ni par la
« Chambre des deux cent dix-neuf de 1830. »

Ainsi, vous le voyez, on proclame une dynastie nouvelle à côté de cette dynastie qui tient ses droits du vœu
national et de la Charte de 1830; c'est une légitimité d'une
autre sorte qu'on invoque, oubliant ainsi les vingt dernières années que nous avons vu s'écouler, et les graves
événements qu'elles ont amenés et emportés avec elles,
effaçant d'un trait de plume notre révolution de Juillet et
ses glorieuses et légitimes conséquences.

Bien plus, par une odieuse et outragean e assimila-
tion, on ne craint pas de présenter l'œuvre des manda-
taires légaux du pays en 1830 comme n'ayant pas, contre
cette légitimité qu'on invoque, plus d'autorité morale que
le fait si douloureux à rappeler de l'invasion étrangère.

. Nous le demandons, Messieurs, une telle proclamaton,
un tel manifeste, de si calomnieuses assertions ne cons-
tituent-ils point l'attaque la plus directe au principe, à la
forme de notre Gouvernement; à ces droits que les lois
du 29 novembre 1830 et du 9 septembre 1835 ont voulu
garantir ?

Cependant cette attaque si grave ne pouvait suffire. On
vient d'établir une théorie en s'appuyant sur la lettre morte
d'un acte qui ne peut avoir aujourd'hui qu'une valeur historique : on va s'efforcer maintenant de montrer que les faits
sont d'accord avec cette théorie. D'une part on prétendra
que le Gouvernement de 1830, dans sa lutte pénible contre
les partis, a pu les désarmer un moment, mais n'en a rallié
aucun; qu'il s'est vu, chaque jour, contraint de chercher
sa force dans un nouveau sacrifice des libertés du pays,
et qu'en compromettant la dignité de la France en Europe,
il n'a pu obtenir qu'une tranquillité factice. De l'autre,
on montrera tous les partis se rattachant, par une foi
commune, au grand principe de la souveraineté populaire; de telle sorte qu'il ne manque plus à la génération
présente qu'une occasion solennelle d'en faire l'application,
et le prince Napoléon sera signalé « comme pouvant mieux
« que personne aider à l'accomplissement de cette œuvre
« sociale, lui dont le nom est une garantie de liberté pour
« les uns, d'ordre pour les autres, et un souvenir de gloire
« pour tous. »

Chose étrange, Messieurs ! c'est après cette révolution
de Juillet dont nous allons célébrer bientôt le huitième
anniversaire, après cette révolution entreprise au nom
des lois, consommée si glorieusement au profit de l'ordre

et des libertés publiques, où la nation armée tout entière et debout, a accueilli avec une si puissante unanimité le Gouvernement fondé par ses représentants, où le grand nom de Napoléon n'a pas même valu un suffrage à son fils, qu'un de ses neveux, obscur et oublié, ne craint pas de s'appuyer sur la voix du peuple pour tenter un impuissant effort contre ces institutions si noblement conquises, contre le trône qui les défend et qu'elles protègent !

Que penser, Messieurs, de l'incroyable prétention de ces hommes qui se refusent à voir l'expression du vœu populaire en 1830, nous ne dirons pas seulement dans le contrat solennel formé par l'intervention de la représentation nationale légalement constituée, mais encore dans la libre et volontaire adhésion de la France, si hautement et si clairement manifestée par les acclamations de tout un peuple, et qui vont exhumer dans le passé de notre histoire, comme la base éternelle d'une légitimité qui n'est plus, un acte que tant et de si grands évènements ont pour jamais effacé ?

Mais vous ne nous pardonneriez pas d'insister sur la réfutation d'un système qui ne soutient pas l'examen. Ce que nous devons vous présenter ici, ce n'est pas la défense de cette révolution nationale qui a fait l'admiration de l'Europe, et qui retentira d'âge en âge comme l'un des évènements les plus glorieux et les plus féconds de notre histoire ; car il suffit qu'on l'ait attaquée dans son principe et dans ses conséquences pour que les châtiments de la loi aient été encourus : c'est la loi, Messieurs, qui la venge pour l'affermir, et qui ne permet pas qu'on essaye d'ébranler le Gouvernement qu'elle a fondé.

Nous avons constaté les efforts faits jusqu'ici par l'écrivain que nous poursuivons, pour attaquer nos institutions : en continuant l'examen de l'ouvrage, nous continuerons à établir sa culpabilité. L'auteur va nous montrer Louis Bonaparte travaillant à réaliser pour la France le gouvernement dont il a essayé de prouver la légitimité et les avantages. Partout il nous le fera voir trouvant assentiment et appui : il rapporte d'abord les ouvertures faites à ceux qu'on suppose les chefs ou du moins les personnages les plus influents du parti légitimiste et du parti républicain : il cite les noms de Carrel et de Lafayette; et sans s'inquiéter de savoir s'il ne leur prête pas un langage qui serait peu d'accord peut-être avec leur vie politique, et qu'en tout cas ils ne peuvent plus démentir, il s'étudie à les représenter comme favorables à sa cause; il rapporte une lettre d'un illustre écrivain, où la préoccupation de l'intérêt personnel a pu se complaire à trouver une adhésion trop subsidiaire cependant pour être satisfaisante, et dans laquelle, avec un esprit plus libre, on pourrait entrevoir une sorte d'épigramme ingénieuse et polie.

Il insinue enfin que la révolution qu'il appelle de ses vœux aurait pu être favorablement accueillie par plusieurs cours étrangères; puis il ajoute : «Le prince était donc «assuré, autant qu'il pouvait l'être, de la sympathie du «peuple pour sa cause, de l'assentiment de l'armée, des «dispositions favorables des différents partis, lorsqu'il reçut «des lettres qui le portèrent à croire que le moment ap- «prochait où il pourrait profiter des amis qu'il avait depuis «longtemps, pour renverser un gouvernement qu'il croyait «opposé au bonheur de son pays.»

A l'appui de cette conviction du prince, il appelle le témoignage d'hommes qu'il ne fait pas connaître, mais qu'il signale comme méritant toute confiance «par leur posi- «tion sociale, par leurs antécédents et par leur caractère;» il leur prête des paroles qui reproduisent les attaques dirigées contre les droits du Roi, qu'on représente comme n'ayant «ni l'appui des siècles, ni celui que donne la sanc- «tion du peuple, ni même le prestige d'une glorieuse ori- «gine,» qu'on réduit à n'être plus qu'un simple fait: «Le «plus fort n'est jamais assez fort, dit-on, pour être tou-

«jours le maître, s'il ne transforme sa force en droit et
«l'obéissance en devoir.» On montre de nouveau Louis
Bonaparte comme pouvant seul devenir le point de ralliement de la cause populaire, au milieu des bouleversements dont on suppose que la France est menacée. «Tenez-
«vous prêt à agir, lui dit-on; et lorsque le temps sera venu,
«vos amis ne vous manqueront pas.»

Enfin, Messieurs, quelques pages plus loin on fait tenir
à Louis Bonaparte un discours dont il est, en vérité, impossible que nous ne vous rappelions pas les principaux
traits, aussi bien parce qu'il semble résumer l'ouvrage
tout entier, que parce que l'auteur de l'écrit s'approprie
les pensées qu'il présente, et les fait siennes par l'approbation explicite qu'il ne craint pas de leur donner. Voici,
Messieurs, les paroles qu'on fait adresser au colonel Vaudrey par Louis Bonaparte :

«Croyez que je connais bien la France, et que c'est jus-
«tement parce que je la connais bien, que je désire tenter
«un mouvement qui la retrempe et la détourne du péril
«où elle semble prête à tomber. Le plus grand malheur de
«l'époque actuelle est le manque de liens entre les gouver-
«nants et les gouvernés; confiance, estime, respect, hon-
«neur, ne sont plus les soutiens de l'autorité.

«La France a vu passer depuis cinquante ans la Répu-
«blique avec ses grandes idées, mais avec ses violentes
«passions; l'Empire avec sa gloire, mais avec ses guerres
«interminables; la Restauration avec les bienfaits de la
«paix, mais avec ses tendances rétrogrades et ses influen-
«ces étrangères; le Gouvernement d'août avec ses pro-
«messes, ses grands mots, mais avec ses petites mesures,
«ses petites passions, ses mesquins intérêts. Au milieu de
«ce cahos, entre ses antécédents, ses rancunes, ses be-
«soins et ses désirs, le peuple cherche!..... Position la
«plus fâcheuse pour une nation qui n'a plus pour se guider
«que la haine des partis.

«Ce cahos moral est naturel; car chaque règne a laissé
«dans la nation des traces de son passage, et ces traces se
«révèlent par des éléments de prospérité ou des causes de
«mort.

«La France est démocratique, mais elle n'est pas répu-
«blicaine; or, j'entends par démocratie le gouvernement
«d'un seul par la volonté de tous; et par république, le
«gouvernement de plusieurs obéissant à un système. La
«France veut des institutions nationales, comme repré-
«sentant de ses droits; un homme ou une famille, comme
«représentant de ses intérêts : c'est-à-dire qu'elle veut de
«la République ses principes populaires, plus la stabilité;
«de l'Empire, sa dignité nationale, son ordre et sa pros-
«périté intérieure, moins ses conquêtes. Elle pourrait
«enfin envier à la Restauration ses alliances extérieures;
«mais du Gouvernement actuel que peut-elle vouloir?

«Mon but est de venir avec un drapeau populaire, le
«plus populaire, le plus glorieux de tous; de servir de
«point de ralliement à tout ce qu'il y a de généreux et de
«national dans tous les partis; de rendre à la France sa
«dignité sans guerre universelle, sa liberté sans licence,
«sa stabilité sans despotisme; et pour arriver à un pareil
«résultat, que faut-il faire? Puiser entièrement dans les
«masses toute sa force et tous ses droits, car les masses
«appartiennent à la raison et à la justice.»

Après ces paroles, dont vous comprenez, Messieurs,
toute la portée, l'auteur de la brochure se hâte d'ajouter :
«Le colonel Vaudrey approuva des sentiments aussi vrais
«et une appréciation aussi juste des besoins et de la po-
«sition de la France.»

Vous le voyez, ce n'est point seulement ici la reproduction des pensées de Louis Bonaparte, reproduction qui
serait déjà coupable : c'est l'approbation la plus formelle
de ces pensées, ou plutôt c'est l'auteur qui les adopte, qui
les présente comme *l'appréciation la plus juste des besoins*

et de la position de la France. Il vient de résumer les motifs qui ont déterminé Louis Bonaparte à tenter un mouvement, et il approuve sa résolution : il la regarde donc comme prise dans l'intérêt du pays ; il énonce donc formellement l'opinion que cet intérêt exigeait qu'on essayât de renverser le Gouvernement établi, ce Gouvernement duquel la France ne peut, *suivant lui,* rien vouloir, pour en instituer un autre qui trouvât dans les masses toute sa force et tous ses droits. A la vérité, ces motifs ne sont, en apparence, invoqués que pour expliquer et justifier l'attentat de Strasbourg ; mais l'intention et le but de l'historien de cette criminelle entreprise ne sont-ils pas évidents ? Peut-il la justifier dans son principe, la glorifier dans ses conséquences, sans provoquer de nouvelles tentatives? Les considérations qu'il invoque pour montrer la nécessité d'une révolution, pour faire croire à ses heureux résultats, ont-elles, dans sa pensée, moins de poids et moins de valeur aujourd'hui qu'elles n'en avaient il y a deux ans? Qu'on en examine la nature, qu'on relise le passage que nous venons de citer, et l'on verra que ce qui a pour but apparent de légitimer la conspiration de 1836 devient par là même une provocation directe ayant pour effet de préparer une conspiration à venir.

Nous ne craignons pas de le dire, c'est là la pensée générale de l'ouvrage, et vous l'aviez comprise, Messieurs, avant que nous ne vous l'ayons signalée.

Après avoir opposé les prétendus droits de Louis Bonaparte à ceux du Roi des Français, après avoir réuni toutes les calomnies qui peuvent discréditer le Gouvernement établi, et tous les éloges, toutes les promesses, toutes les fausses assertions qu'il croit de nature à entraîner l'opinion en faveur du gouvernement et du chef qu'il propose, l'auteur de l'écrit va maintenant essayer de prouver, par l'attentat de Strasbourg, par les circonstances qui l'ont accompagné et par celles qui l'ont suivi, que les prétentions de Louis Bonaparte reposaient, en effet, sur les chances de succès auxquelles il s'est efforcé de faire croire.

A l'entendre, dès 1832, un corps d'armée tout entier, colonels et généraux compris, attendait à la frontière le fils de Napoléon, et était prêt à accueillir le jeune Louis Bonaparte, s'il était muni d'une simple lettre de son cousin. Depuis ce temps, des intelligences ont été conservées et étendues dans les régiments ; des officiers généraux étaient entrés dans cette vaste conspiration. Il devait suffire à Louis Bonaparte de se présenter devant un régiment, pour être salué empereur par les soldats ; se dirigeant ensuite sur Paris, il aurait vu toutes les populations, toutes les troupes se soulever en sa faveur ; et par une marche triomphale, sans résistance et sans combat, il aurait été porté dans la capitale et sur le trône.

Tels étaient les rêves de ce jeune homme, qui avait oublié que, pour voler de clocher en clocher jusqu'aux tours de Notre-Dame, il fallait que l'aigle impériale prît son essor à la voix du grand Empereur, et que partout, sur sa route, elle ne vît pas flotter les couleurs nationales.

Eh bien ! Messieurs, on va chercher à prouver que ces folles imaginations ont failli être justifiées par le succès. Dans le récit qu'on présentera de l'attentat du 30 octobre, on se gardera bien de dire qu'un seul régiment, marchant sous les ordres de son chef qui l'avait trompé, a prêté un moment, aux conjurés, le secours apparent de sa force, et qu'il les a abandonnés aussitôt qu'il a pu comprendre les coupables projets dont on l'avait rendu l'instrument. On ne craindra pas d'affirmer, contre toute vérité, qu'une sympathie générale pour la cause napoléonienne avait entraîné tous les corps de la garnison : on calomniera le 46ᵉ de ligne, qui s'est emparé des conspirateurs ; le 3ᵉ d'artillerie, qui n'avait pris les armes que pour les combattre; *la population,* qui n'a été informée de l'entreprise que lorsqu'elle était déjà comprimée. C'est ainsi qu'en cherchant à persuader que Louis Bonaparte a été accueilli à Strasbourg avec enthousiasme par les soldats, et qu'il a été soutenu par les dispositions favorables du peuple, on en conclura qu'il devait trouver partout le même enthousiasme et les mêmes dispositions, et que le succès assuré de son entreprise n'a pu échouer que devant une de ces fatalités tellement extraordinaires, qu'une nouvelle tentative ne permettrait plus d'en craindre le retour.

Une erreur dans la route suivie par le chef de l'attentat, un mensonge jeté aux soldats par l'un des chefs restés fidèles, telles sont les seules causes qui, suivant l'auteur, ont renversé les espérances les mieux fondées; on va même jusqu'à dire que si les proclamations de Louis Bonaparte eussent été distribuées dans la ville, le peuple, connaissant ses nobles intentions, aurait pris contre l'autorité une attitude menaçante qui eût pu amener de grands résultats.

Cette même pensée de l'assentiment populaire, de la sympathie de l'armée, de ses officiers et de ses chefs, se trouve encore reproduite dans le récit des faits qui ont suivi l'attentat. On y parle d'un parti puissant organisé pour protéger la vie et la liberté du prince; on ose affirmer que des officiers généraux, des pairs de France, devaient protester contre sa mise en jugement; on attribue à la peur un acte de haute clémence, on s'en empare comme d'une reconnaissance de la dynastie napoléonienne, et l'on termine par ces mots, qui présentent en quelque sorte le résumé de tout l'ouvrage :

« Le Gouvernement a voulu assoupir un fait, et il a ré-
« vélé un principe; il a voulu annuler un homme, et il
« a fait de cet homme le chef d'un parti et le point de ral-
« liement de l'opposition. Nous avons parlé sans exagéra-

« tion, car nous ne sommes les apologistes de personne ;
« mais nous avons voulu prouver que le prince Napoléon
« n'a pas démérité de sa patrie, et qu'il est un des dignes fils
« de notre belle France, et le digne héritier de notre grand
« Empereur. »

Tel est donc, Messieurs, l'écrit que vous avez à juger.
Sous prétexte de réhabiliter et l'attentat de Strasbourg et
l'homme au profit duquel il a été commis, on établit en
droit et en fait les titres de cet homme au trône ; on essaye
de prouver qu'il réunit toutes les conditions nécessaires
pour y monter sans coup férir, pour s'y maintenir avec
gloire : il règne déjà sur le peuple et sur l'armée par l'autorité de son nom et les sympathies qu'il inspire ; les factions s'apaisent à sa voix, une ère nouvelle de prospérité
et de grandeur va s'ouvrir sous ses auspices. D'un autre
côté, le Gouvernement du Roi, illégitime dans son origine, sans force contre les partis, sans dignité dans ses
rapports avec l'étranger ; pouvoir de fait, pouvoir précaire,
qui n'inspire ni sécurité ni confiance, ne peut satisfaire
aux besoins du pays, qui est mécontent du présent et in-
quiet de l'avenir.

Aurons-nous maintenant besoin de beaucoup d'efforts
pour montrer dans cette publication les attentats que
l'accusation impute à son auteur ? La provocation au
changement du Gouvernement, l'attaque contre les droits
du Roi, n'apparaissent-elles pas à tous les yeux de la
manière la plus évidente ? A moins de crier publiquement
aux armes, d'appeler le peuple sur la place publique,
de convier au Champ-de-Mars, à jour et à heure fixes,
les régiments révoltés pour y élever un empereur sur le
pavois, il est impossible que la provocation au changement du Gouvernement soit plus directe, plus positive,
et se multiplie sous plus de formes pour s'adresser à un
plus grand nombre d'esprits. Pour les soldats, on évoque
des souvenirs de gloire ; pour le peuple, on invoque la

toute-puissance nationale. On montre aux hommes timides une révolution facile, et pour ainsi dire déjà faite. On propose une révolution à faire aux ambitions impatientes. On étale enfin tous les éléments de succès d'une conspiration qu'on exagère, dans l'espoir de créer des conspirateurs. N'est-ce pas là, Messieurs, une provocation, et ne serait-ce pas la plus dangereuse des provocations, si l'opinion publique, dans une nation sage et éclairée, pouvait se laisser prendre aux piéges grossiers dans lesquels on veut la faire tomber?

La nation, Messieurs, ne croit point à cette légitimité qu'on revendique; elle ne croit point à ces biographies apologétiques, à cette sympathie universelle qu'on suppose et qu'elle ne ressent point, à ces intelligences dans l'armée dont vous vous vantez par un mensonge, et qui n'empêcheront personne d'être convaincu que l'uniforme de nos soldats est toujours une garantie d'honneur et de fidélité. Elle sait qu'à Strasbourg ce n'est pas la fatalité ni le mensonge qui vous ont arraché la victoire, qui ont détruit ce que vous appellez vos grandes espérances; elle sait que vous n'avez dû votre succès d'un quart d'heure qu'au parjure d'un chef qui, après avoir séparé les soldats qu'il commandait de leurs officiers, pour qu'aucune influence ne combattît la sienne, les a dominés par l'ascendant de son grade, et les a entraînés à sa suite dans une entreprise qu'ils ne comprenaient pas. Elle sait que pas un homme d'un autre régiment ne s'est réuni aux conjurés, que pas un officier n'a été leur dupe ni leur auxiliaire, et que leurs projets ont échoués dès qu'ils ont été connus.

Les provocations que renferme l'écrit d'Armand Laity n'ont donc point eu d'effet, et ne pouvaient avoir les résultats qu'il s'en promettait; mais elles n'en existaient pas moins dans la pensée de l'auteur et dans les termes de son ouvrage. Elles se réunissent aux attaques dirigées contre le principe et la forme de notre Gouvernement, contre

les droits du Roi des Français pour exciter à la révolte
et tenter de préparer au pays de nouveaux boulverse-
ments.

Maintenant, Messieurs, cet écrit est-il l'œuvre d'un individu isolé qui y aurait jeté l'expression de ses haines
personnelles, de ses vœux, de ses regrets, de ses espérances? L'instruction ne nous a-t-elle pas appris qu'il a
été concerté, rédigé en commun par le chef de l'attentat
de Strasbourg et l'un de ses complices? Le manuscrit de
cet ouvrage, qui passera sous vos yeux, porte encore
la trace du travail de celui-là même dont il avait pour
but de préparer l'intronisation : c'est donc le manifeste du
parti, c'est le programme d'un nouvel attentat; voilà ce
qui nous explique sa publication à dix mille exemplaires,
sa distribution gratuite, et cet aveu de l'accusé : «J'aurais
«voulu l'envoyer, non-seulement dans toutes les villes,
«mais dans tous les villages de France.»

Ainsi, dans l'ouvrage que vous avez à juger, nous ne
saurions trop le répéter, tout se résume par un mot, celui
de *provocation*. C'est la pensée principale, nous dirons
presque l'unique pensée de l'écrivain; c'est dans ce but
qu'il attaque les droits du Roi, qu'il s'efforce de leur
opposer la légitimité prétendue de la dynastie napoléon-
nienne, qu'il appelle sur le Gouvernement l'animadver-
sion publique, qu'il foule aux pieds la vérité en racontant
l'attentat de Strasbourg, et qu'il calomnie le peuple et
l'armée; c'est dans ce but qu'il publie de nouveau les proclamations de Louis Bonaparte, déplorables parodies d'un
langage qu'il n'est permis à personne d'imiter, et où les
crimes dont il est accusé se produisent avec un tel caractère de gravité et de violence, que toute discussion à cet
égard est superflue; c'est dans ce but qu'il exalte et glorifie la trahison militaire, soit par des attaques directes
contre la religion du serment, soit par les pompeux éloges
qu'il se plaît à décerner à des actes de félonie justement

flétris par la conscience du pays, et qu'il blesse ouvertement tous les principes d'ordre et de morale publique.

Ainsi, la pensée qui a dicté l'ouvrage est la même pensée
qui a inspiré l'attentat de Strasbourg; l'écrit comme la révolte ont eu le même but, le renversement du Gouvernement, la substitution du régime impérial dans la personne
de Louis Bonaparte, au régime constitutionnel dans la
personne du Roi des Français.

A Strasbourg, on s'était flatté d'atteindre directement
le but proposé; à Paris, c'est au moyen de provocations
adressées au peuple et à l'armée; c'est en déniant les droits
constitutionnels du Roi des Français et en proclamant les
prétendus droits de Louis Bonaparte, qu'on essaye de réaliser la même pensée. L'ouvrage ment à son titre : il renferme sans doute une narration de l'événement du 30 octobre 1836; mais, d'abord, cette narration n'est pas de
l'histoire, c'est du roman, et ensuite ce roman lui-même
n'est pas le but, il n'est qu'un des moyens de l'auteur.
Son but est évidemment l'attaque au Gouvernement établi; il ne s'agit pas seulement pour lui de glorifier l'attentat du 30 octobre, mais de provoquer à un attentat
nouveau au moyen de cette glorification même.

Mais en vérité, Messieurs, comment justifier à vos yeux
cette longue insistance de notre part? Nous voulons prouver la culpabilité du livre déféré à votre justice; mais
cette culpabilité, qui donc l'a niée, qui l'a mise en question?

Laity, vous le savez, dans l'un de ses interrogatoires
devant M. le Chancelier, s'est fait gloire, en quelque sorte,
d'avoir attaqué le Gouvernement fondé par la révolution
de juillet; et Louis Bonaparte, dans une lettre qu'il adresse
à l'accusé, quelques jours avant la publication du livre,
demande qu'on lui fasse savoir quel est le maximum des
peines que cette publication doit entraîner contre son
auteur.

Dans ce dernier fait, Messieurs, nous trouvons tout à la fois la preuve que l'écrivain avait la conscience du crime dont il se rendait coupable, et aussi celle qu'il attendait de sa publication un résultat bien important, puisqu'il se déterminait à braver sciemment les rigueurs de la loi pénale.

Après cette discussion, vous nous pardonnerez de ne pas cependant nous arrêter encore, et de rechercher quel peut être le système de défense qu'on nous opposera. Dans l'impuissance de présenter sur le fond une justification qui puisse être accueillie, on essayera peut-être, ainsi que l'a indiqué l'accusé lui-même, de trouver contre la poursuite une sorte de fin de non-recevoir dans de précédentes publications : il importe donc dès à présent de constater qu'elle est, sous ce rapport, la véritable situation de l'accusé.

En droit d'abord, Messieurs, et ce point ne peut être contesté, le silence qu'aurait gardé le ministère public sur une première publication ne saurait s'opposer à ses poursuites, si, par une publication nouvelle, le délit est une seconde fois commis; car chaque publication constitue légalement un délit, et l'impunité d'une première infraction, même quand elle serait le résultat d'un verdict d'acquittement, ne peut devenir, pour une seconde, un bill d'indemnité.

Mais il importe d'examiner si les faits nous mettent dans la nécessité de placer l'accusation à l'abri de cette fin de non-recevoir.

Laity nous a révélé les nombreux emprunts qu'il a faits pour son ouvrage à un écrit publié par un sieur Persigny, se qualifiant aide-de-camp du prince Napoléon; et nous savons que des extraits de ce dernier ouvrage ont paru dans un journal hebdomadaire intitulé *la Nouvelle Minerve.*

Mais d'abord, Messieurs, l'ouvrage de Persigny a été

imprimé à Londres, publié à Londres, et si quelques
exemplaires ont pu être furtivement introduits en France,
ils n'y ont été ni vendus ni publiquement distribués. Le
ministèr public était donc à cet égard dans l'impossibilité d'exercer aucune poursuite.

Quant à la publication de *la Nouvelle Minerve*, c'est
le 8 janvier 1837 qu'elle a été faite à Paris, au moment
même où allaient s'ouvrir à Strasbourg les débats relatifs
à l'attentat du 30 octobre 1836; et le journaliste qui im-
prime des extraits du livre de Persigny éprouve le besoin
de prévenir ses lecteurs « *qu'il n'est que le reproducteur*
« *d'un texte auquel le procès de Strasbourg attache un*
« *vif intérêt, et qu'il ne se place pas au point de vue de*
« *l'auteur qu'il laisse parler,* » réprouvant ainsi lui-même
par avance le langage qu'il va reproduire; et cependant,
Messieurs, il mutile prudemment l'écrit imprimé à Londres; il supprime, lui, journaliste de l'opposition, les
passages les plus coupables de cet écrit, tous ceux qui
constituent le plus manifestement l'attaque et la provocation; de telle sorte que sa publication elle-même devient
un argument de plus à l'appui de l'accusation.

Ainsi, ce qui est relatif à l'acte de l'an XII, aux prétendus droits de Louis Bonaparte à la couronne de France,
et ces conversations du prince, dont le but est d'établir
que la dynastie napoléonienne, comme il parle, est la seule
qui ait obtenu la sanction populaire; ainsi, ces déclama-
tions sans fin sur la sympathie du peuple et de l'armée
pour sa cause, ces attaques contre le serment; ainsi, cette
allocution qu'on suppose adressée par Louis Bonaparte
au colonel Vaudrey; ainsi, cette phrase remarquable qui
qualifie de trahison envers le pays l'œuvre du pays lui-
même au 9 août 1830; ainsi, cette lettre à M. Odilon Barrot : tous ces passages, et d'autres encore non moins coupables, ne se retrouvent point dans le journal.

Voilà, Messieurs, ce qui vous explique comment, lorsque

nous n'avons ni pu ni dû poursuivre les extraits publiés dans *la Nouvelle Minerve,* extraits frappés d'abord de la réprobation du journaliste, malgré les mutilations que sa prudence leur avait fait subir, nous avons dû, au contraire, vous déférer un écrit qui présente, en se les appropriant et dans un résumé succinct, toutes les criminelles attaques de l'ouvrage publié à Londres, dans lequel on a pris à tâche de rassembler et de concentrer, pour ainsi dire, tous les genres de provocations.

Nous pouvons donc conclure maintenant avec confiance qu'Armand Laity s'est rendu coupable du double attentat qui lui est imputé; mais lorsque nous venons en demander la répression, ne craignez pas, Messieurs, que nous cherchions à exagérer la gravité de ses conséquences. Nous vous avons montré sous son véritable point de vue l'importance de ce procès, quand nous avons signalé la publication qui l'a rendu nécessaire comme une violation flagrante et hardie des lois qui ont voulu imposer à la presse des limites qu'il lui devînt impossible de franchir; comme le manifeste de quelques ambitieux qui essayent de se créer un parti, et qui, en avouant publiquement une sédition manquée, viennent au milieu de nous se déclarer en état de complot permanent; comme l'œuvre d'un homme qui, heureux échappé des bancs de la cour d'assises, dément lui-même à la face du pays le verdict qui a fait de son innocence une vérité légale, et qui, pour recruter des conspirateurs, développe avec complaisance les éléments mensongers d'une conspiration puissante.

Certes, Messieurs, il y a danger pour la sécurité publiqs dans ce défi jeté sans détour et sans pudeur aux lois qui la protégent; dans cet exemple de coupable audace proposée aux factions qui s'agitent encore parmi nous; dans cette glorification d'un crime demeuré sans résultat, dans ces présomptueuse menaces d'un attentat

plus heureux. Mais que l'on se garde bien de nous attri-
buer la pensée que ni Laity et sa brochure, ni Louis
Bonaparte et le soi-disant parti napoléonien aient jamais
eu le pouvoir d'ébranler notre Gouvernement national,
et d'inspirer sur son existence et sa durée de sérieuses
alarmes. Il n'appartient à personne de menacer nos institutions, parce qu'elles sont l'œuvre et la propriété de la
France, qui saurait les défendre comme elle a su les
fonder. Mais le péril d'une révolution nouvelle est-il donc
le seul dont il faille se garder? Les tentatives les plus insensées les entreprises les plus aventureuses, ne suffisent-
elles pas pour inquiéter les esprits et troubler le cours
de la prospérité publique? Ne sait-on pas d'ailleurs que
dans les temps où nous vivons, le parti, quel qu'il soit,
qui se jette le premier dans la lice peut voir ses rangs
grossis par tous les artisans de trouble, tous les fauteurs
de désordres, qui s'empresseront, quelle que soit leur foi
politique, et peut-être parce qu'ils n'en ont aucune, de prêter main-forte à l'anarchie, et de se liguer d'abord contre
le pouvoir établi? Ils ne tenteront, Messieurs, que de
vains efforts; mais, en ce genre, la victoire même a ses
douleurs, et il faut en redouter la nécessité. Ce n'est
donc pas par l'appréciation de ses propres forces qu'il faut
juger des périls que pourrait nous apporter ce parti napoléonien; s'il ne devait trouver d'appui qu'en lui-même,
qu'aurions-nous à craindre de ses présentions? Il a osé
dire que la nation ne pouvait rien vouloir du Gouvernement actuel. Mais qu'il nous apprenne donc ce qu'elle
peut attendre du prétendant qu'il propose? Il évoque
et les souvenirs de l'Empire, et le nom glorieux d'un
homme dont la France s'enorgueillit; il prétend s'appro-
prier les sympathies excitées par toutes ces grandes
choses que le grand peuple a vu éclore sous son règne
comme dans une merveilleuse époque. Mais pensez-vous
donc, jeunes imprudents, que cette gloire ait besoin de

vous pour devenir celle de la France? La statue de
Napoléon n'est-elle pas remontée, sans vous, au faite
de cette colonne où l'aigle victorieuse repose sur l'airain
qu'elle a conquis? Le palais du grand Roi n'a-t-il pas ra-
jeuni ses splendeurs, pour offrir à toutes nos gloires
un asile digne d'elles? Que pouvez-vous donc apporter
à la France dont elle ne soit pas déjà en possession?
Quand vous rappelez ce qui s'est accompli sous l'Empire,
dans le conseil ou sur le champ de bataille, oubliez-vous
que ce trône que vous attaquez a pour ornement et pour
soutien tous ces hommes qui ont été associés aux grandes
pensées, et qui ont pris leur part dans les grands évènements de cette époque? Oubliez-vous combien d'entre
eux ont droit de se dire : Nous en étions, et de vous
dire à vous : vous n'en étiez pas?

C'est à ces hommes, élevés à l'école de cet Empire à
peine entrevu par votre enfance, que le Roi et la patrie
demandent encore avec orgueil et avec confiance les ser-
vices les plus éminents, et naguère, dans une circonstace
solennelle, un peuple allié, qui fut longtemps notre en-
nemi, saluait de ses acclamations la gloire de la France
dans l'un de ses plus illustres représentants.

Dans nos mœurs et dans nos lois, dans notre vie politique et dans notre vie civile, nous avons retenu de
l'Empire tous ses bienfaits; et ce que nous avons répudié
de son héritage, personne, apparemment, ne tenterait de
nous l'imposer. Qu'est-ce donc, Messieurs, que le parti
napoléonien? quels sont les idées, les intérêts ou les griefs
auxquels il pourrait se rattacher? A l'entendre, c'est un
nom qui fait sa puissance et sa force; mais n'est-il
pas, au contraire, la condamnation de ses jeunes et
impuissantes témérités, ce nom consacré par l'admiration du monde? Quel est-il donc celui qui vient revendiquer comme un héritage cette pourpre impériale con-
quise par une si puissante individualité? quels sont-ils

les hommes qui forment son cortége et qui seuls ont subi cette influence à laquelle ils imaginent que le peuple et l'armée vont bientôt se soumettre? La patrie ne connaît ni le chef ni ceux qui l'accompagnent. Oh! s'il avait pu voir son nom ainsi compromis par une poignée de séditieux, dans une tentative sans portée, ce grand homme, dont la haute intelligence ne comprenait que les grandes choses, qui fut surtout le défenseur et l'appui de toutes les pensées d'ordre, de devoir et de discipline, qui font la force du commandement et la dignité de l'obéissance, qui aima mieux déposer sa glorieuse couronne que de livrer cette France qu'il aimait tant aux déchirements d'une guerre civile, qu'elle n'eût pas été son indignation et de quelles paroles n'aurait-il pas flétri cette ambition puérile, ces officiers parjures, cette prise d'armes contre le repos et le bonheur de la patrie?

L'Empire, Messieurs, avait achevé sa mission. L'homme qui, par sa fortune et son génie, avait été appelé à l'accomplir, a survécu lui-même à son règne, et n'a pu léguer à personne le sceptre qu'il avait déposé. Conservons-lui la place qui lui est due dans le culte de nos souvenirs; mais les temps ont marché et d'autres destinées vous appellent. Les arts de la paix, les conquêtes de l'industrie, les garanties de la liberté sont devenus l'étude et le besoin de la nation. Et désormais appuyé sur son épée tant de fois victorieuse, le peuple français marche dans cette voie paisible de civilisation et de progrès avec le sentiment de sa gloire et la conscience de sa force.

COUR DES PAIRS.

AFFAIRE LAITY.

PROCÈS-VERBAL

DES SÉANCES

RELATIVES AU JUGEMENT DE CETTE AFFAIRE.

13

AFFAIRE
LAITY.

PROCÈS-VERBAL
N° 1er.

CHAMBRE DES PAIRS.

Séance publique du jeudi 21 juin 1838,

Présidée par M. le CHANCELIER.

(Extrait du Procès-verbal.)

A une heure la Chambre se réunit en séance publique, en vertu de l'ajournement porté au procès-verbal de la séance d'hier.

Lecture faite de ce procès-verbal, l'assemblée en adopte la rédaction.

. . . .

M. le Garde des sceaux, Ministre secrétaire d'État au département de la justice et des cultes est introduit.

Ce Ministre dépose sur le bureau une ordonnance du Roi, en date d'aujourd'hui, dont M. le Président donne immédiatement lecture à la Chambre, et qui est ainsi conçue :

ORDONNANCE DU ROI.

« LOUIS-PHILIPPE, ROI DES FRANÇAIS,

« A tous présents et à venir, SALUT :

« Sur le rapport de notre Garde des sceaux, Ministre

13.

secrétaire d'État au département de la justice et des cultes;

« Vu l'article 28 de la Charte, qui attribue à la Chambre des Pairs la connaissance des crimes de haute trahison et des attentats à la sûreté de l'État;

« Vu l'article 1er de la loi du 9 septembre 1835, qui qualifie attentat à la sûreté de l'État la provocation par l'un des moyens énoncés en l'article 1er de la loi du 17 mai 1819, au crime prévu par l'article 87 du Code pénal, même lorsque cette provocation n'a pas été suivie d'effet;

« Attendu qu'un écrit intitulé : *Relation historique des événemens du 30 octobre 1836. — Le prince Napoléon à Strasbourg; par M. Armand Laity, ex-lieutenant d'artillerie, ancien élève de l'École polytechnique*, commençant par ces mots : *Vingt ans d'exil pesaient sur la famille de l'Empereur*, et finissant, aux pièces justificatives, par ceux-ci : *Telle était ma manière de voir*, présente tous les caractères du crime prévu par l'article 1er de la loi du 9 septembre 1835, qualifié attentat par ledit article;

« Attendu que cet écrit a été publié et distribué,

Nous avons ordonné et ordonnons ce qui suit :

ARTICLE PREMIER.

« La Chambre des Pairs, constituée en Cour de justice, procédera sans délai au jugement de l'attentat sus-énoncé.

ART. 2.

« Elle se conformera, pour l'instruction, aux formes qui ont été suivies par elle jusqu'à ce jour.

ART. 3.

« Le sieur Franck Carré, notre procureur général près la cour royale de Paris, remplira les fonctions de notre procureur général près la Cour des Pairs.

« Il sera assisté du sieur Boucly, substitut de notre procureur général près la cour royale de Paris, qui sera chargé de le remplacer en cas d'absence ou d'empêchement.

ART. 4.

« Le Garde des archives de la Chambre des Pairs et son adjoint rempliront les fonctions de greffier près notre Cour des Pairs.

ART. 5.

« Notre Garde des sceaux, Ministre secrétaire d'État au département de la justice et des cultes, est chargé de l'exécution de la présente ordonnance.

« FAIT au Palais des Tuileries, le 21 juin 1838.

« *Signé* LOUIS-PHILIPPE.

« Par le Roi :

« *Le Garde des sceaux, Ministre secrétaire d'État au département de la justice et des cultes,*

« Signé BARTHE. »

Cette lecture terminée, la Chambre ordonne la transcription sur ses registres, et le dépôt dans ses archives, de l'ordonnance du Roi qui vient de lui être communiquée.

Elle arrête ensuite qu'elle se formera immédiatement en Cour de justice pour prendre telle détermination qu'il appartiendra au sujet de l'affaire à laquelle se rapporte l'ordonnance susénoncée.

. . . .

La séance publique est levée.

Les Président et Secrétaires,

Signé Pasquier, *président;*

Le duc DE PRASLIN, le comte HEUDELET, le baron NEIGRE et le comte DE LA VILLEGONTIER, secrétaires.

AFFAIRE
LAITY.

PROCÈS-VERBAL
Nº 2.

COUR DES PAIRS.

Séance secrète du jeudi 21 juin 1838,

Présidée par M. le CHANCELIER.

Le jeudi, 21 juin 1838, à quatre heures de relevée, la Chambre des Pairs se forme en Cour de justice en vertu de la délibération prise dans la séance publique de ce jour.

La réunion a lieu dans la salle ordinaire des séances de la Chambre, servant de chambre du conseil.

M. le Président annonce que le ministère public, nommé par l'ordonnance du Roi communiquée aujourd'hui à la Chambre, demande à être entendu.

La Cour décide qu'il lui sera donné audience.

M. Franck Carré, procureur général, est en conséquence introduit; il est accompagné de M. Boucly, faisant fonction de substitut du Procureur général.

Tous deux se placent devant un bureau disposé dans le parquet à la droite de M. le Président.

Le greffier en chef de la Cour et son adjoint occupent dans le même parquet, à gauche, leurs places accoutumées.

Le Procureur général, ayant obtenu la parole, donne lecture du réquisitoire suivant :

RÉQUISITOIRE.

« Nous, Procureur général nommé par Sa Majesté près la Cour des Pairs constituée par ordonnance royale, en date de ce jour, pour procéder au jugement de l'attentat à la sûreté de l'État commis par la publication d'un écrit intitulé : *Relation historique des événemens du 30 octobre 1836,* commençant par ces mots : *Vingt ans d'exil pesaient sur la famille de l'Empereur,* et finissant, aux pièces justificatives, par ceux-ci : *Telle était ma manière de voir,*

« Avons l'honneur d'exposer et de requérir ce qui suit :

»Au mois d'octobre 1836, un jeune prince, de la famille de Napoléon, avait tenté une entreprise que fit avorter la fidélité de l'armée au moment même où l'on en commença l'exécution. Malgré l'influence que lui donnaient son grade et son autorité, un colonel avait à peine réussi à ébranler une faible partie de son régiment, et la tentative échoua aussitôt que la trahison fut proposée à un corps qui n'était pas placé sous les ordres de cet officier.

« Cependant, plus de dix-huit mois après cet événement, un des militaires mis en accusation pour y avoir pris part vient de publier un écrit destiné en apparence à en raconter les détails, mais qui n'est en réalité autre chose que le manifeste de ce qu'on appelle le parti napoléonien, et qu'une continuelle provocation à une nouvelle révolte; on voit en effet l'auteur de cet écrit s'efforcer d'établir la légitimité des droits de Napoléon-Louis Bonaparte au trône, comme héritier de la dignité impériale, et d'attaquer en même temps ceux que le vœu de la nation française et la Charte constitutionnelle ont conférés au Roi des Français; offrir Louis Bonaparte aux yeux du peuple, et surtout à ceux de l'armée, comme le représentant de la gloire nationale, le médiateur nécessaire des partis, le gardien le plus sûr de l'honneur et des intérêts du pays; essayer de le rattacher aux factions les plus hostiles au Gouvernement du Roi, en le montrant comme agréé par les chefs qu'elles se donnent ou qu'on leur suppose. Suivant l'auteur de cet écrit, Napoléon-Louis Bonaparte serait le défenseur de la cause populaire, soutenu par les plus vives sympathies, et assuré de l'assentiment et du concours de l'armée; sa criminelle et téméraire tentative est représentée comme le résultat d'une conspiration permanente qu'on glorifie, et comme entourée de toutes les garanties de succès; on suppose en sa faveur un soulèvement général prêt à éclater; on prétend que la rébellion ne s'est vu arracher que par un mensonge une victoire aussi certaine qu'on la soutient légitime. On saisit enfin cette occasion de donner une nouvelle publicité aux proclamations les plus violentes et les plus séditieuses, après les avoir présentées, dans le cours du récit, comme de nature à entraîner le peuple et les soldats.

« Telle est l'analyse succincte de l'écrit déféré à la Cour. Il est impossible de ne pas y voir le programme d'une insurrection nouvelle et la provocation la plus directe à un attentat, dans le but de détruire et de changer le Gouvernement.

« L'aveu et la glorification de ce complot permanent; ce manifeste lancé au nom de ce qu'on appelle la légiti-

14

mité de la cause napoléonienne ; cette audace d'hommes qui se proclament conspirateurs, et qui veulent tirer de l'indulgence même qu'ils ont rencontrée de nouveaux moyens de raviver leur complot ; ces assertions diffamatoires contre la population et contre l'armée, dans laquelle l'auteur du manifeste affirme que sa cause a des adhérents placés à tous les dégrés ;

« Toutes ces circonstances donnent au crime prévu par les lois de septembre un caractère de gravité qui appelait la haute juridiction de la Cour des Pairs.

« Le crime dénoncé, on le trouve au plus haut degré dans l'ensemble de l'écrit, et il se manifeste spécialement dans les passages suivants :

« 1° Le passage commençant à la page 7 par ces mots : *Le parti napoléonien,* et finissant à la page 11 par ceux-ci : *petit-fils de l'impératrice Joséphine ;*

« 2° Le passage commençant à la page 15 par ces mots : *Par le dernier exercice de la souveraineté nationale,* et finissant à la page 37 par ceux-ci : *que les circonstances avaient mis à sa disposition ;*

« 3° La partie de l'écrit commençant à la page 51 par ces mots : *Le prince fit alors signe qu'il voulait parler,* et se terminant, avant les pièces justificatives, par ceux-ci : *le digne héritier de notre grand Empereur ;*

« 4° Les proclamations qui se trouvent aux pages 77, 80, 81 et 82 ;

« 5° Le passage commençant, à la page 85, par ces mots : *Dans cet état de choses,* et finissant, à la page 87, par ceux-ci : *ce que la force seule a détruit ;*

« Ce considéré, et attendu que la publication de cet écrit, imprimé et distribué, constitue tout à la fois une provocation, non suivie d'effet, à commettre le crime

prévu par l'article 87 du Code pénal, et une attaque
contre le principe et la forme du Gouvernement établi
par la Charte de 1830, tels qu'ils sont définis par la
loi du 29 novembre 1830, lesquelles provocation et attaque sont qualifiées attentats à la sûreté de l'État, et pu-
nies par les articles 1 et 5 de la loi du 9 septembre 1835 ;

« Nous, Procureur général de Sa Majesté près la
Cour des Pairs, requérons qu'il plaise à la Cour : nous
donner acte du contenu au présent réquisitoire, portant
plainte contre l'auteur et les complices des attentats ci-
dessus spécifiés, lesquels, aux termes des articles 28 de
la Charte, 87 du Code pénal, 1er et 5 de la loi du 9 septembre 1835, sont de la compétence de la Cour des
Pairs ;

« Ordonner, que, dans le jour, M. le Chancelier Président, se commettra lui-même ou désignera tels de Messieurs les Pairs qu'il lui plaira, pour procéder à une
instruction contre Armand Laity et tous autres qui pourraient être ultérieurement inculpés ;

« Ordonner que les actes d'instruction commencés seront apportés au greffe de la Cour des Pairs ;

« Ordonner enfin que la Cour s'assemblera au jour
qui sera indiqué par M. le Chancelier, pour entendre le
rapport de la procédure et faire tous autres actes que la
marche de l'instruction rendrait nécessaires.

« FAIT en notre parquet, à Paris, le vingt et un
juin 1838.

« Le Procureur général du Roi,

« Signé FRANCK CARRÉ. »

Le Procureur général se retire après avoir déposé sur
le bureau son réquisitoire de lui signé.

14.

M. le Président annonce que, conformément aux usages de la Cour, il va être fait un appel nominal pour constater le nombre des membres présens.

Il est en conséquence procédé à un appel nominal fait par le greffier en chef, en suivant l'ordre de réception, et qui constate la présence des cent quarante-quatre Pairs dont les noms suivent :

M. le baron PASQUIER, Chancelier de France, Président.

Et MM.

Le duc de Mortemart.
Le duc de Valentinois.
Le duc de Choiseul.
Le duc de Broglie.
Le duc de Montmorency.
Le marquis de Jaucourt.
Le comte Klein.
Le marquis de Sémonville.
Le duc de Castries.
Le duc de La Trémoille.
Le marquis de Louvois.
Le comte Molé.
Le comte Ricard.
Le baron Séguier.
Le marquis de Vérac.
Le comte de Noé.
Le duc de Massa.
Le duc Decazes.
Le comte d'Argout.
Le comte Raymond de Berenger.
Le marquis de Dampierre.
Le baron Mounier.
Le comte Mollien.
Le comte Reille.
Le comte de Sparre.
Le marquis de Talhouët.
L'amiral comte Truguet.
Le marquis d'Aramon.
Le comte de Germiny.
Le comte de La Villegontier.

MM.

Le marquis de Pange.
Le comte Portalis.
Le duc de Praslin.
Le duc de Crillon.
Le duc de Coigny.
Le comte Siméon.
Le comte Roy.
Le comte de Tascher.
Le maréchal comte Molitor.
Le comte de Breteuil.
Le comte Dejean.
Le duc de Plaisance.
Le vicomte Dubouchage.
Le comte de Montalivet.
Le duc de Noailles.
Le marquis de Laplace.
Le duc de La Rochefoucauld.
Le vicomte de Ségur-Lamoignon.
Le marquis de Lauriston.
Le marquis de Brézé.
Le duc de Périgord.
Le marquis de Crillon.
Le marquis Barthélemy.
Le duc de Bassano.
Le comte de Bondy.
Le comte de Cessac.
Le baron Davillier.
Le comte Gilbert de Voisins.
Le prince de Beauvau.
Le comte de Caffarelli.
Le comte Exelmans.
Le vice-amiral comte Jacob.
Le comte Philippe de Ségur.

MM.

Le comte Perregaux.
Le duc de Gramont-Caderousse.
Le vice-amiral comte Emeriau.
Le baron de Lascours.
Le comte de La Rochefoucauld.
Girod (de l'Ain).
Le baron Atthalin.
Besson.
Le président Boyer.
Cousin.
Le baron de Fréville.
Gautier.
Le comte Heudelet.
Le baron Malouet.
Le comte de Montguyon.
Le baron Thénard.
Tripier.
Villemain.
Le baron Zangiacomi.
Le comte de Ham.
Le baron de Mareuil.
Le comte Bérenger.
Le comte Guéhéneuc
Le comte de Nicolaï.
Félix Faure,
Le comte Daru.
Le comte Baudrand.
Le baron Neigre.
Le comte de Beaumont.
Le baron Brayer.
Le maréchal comte de Lobau.
Le baron de Reinach.
Le comte de Saint-Cricq.
Barthe.
Le comte d'Astorg.
De Gasparin.
Le baron Brun de Villeret.
De Cambacérès.
Le vicomte de Chabot.
Le comte Corbineau.
Le baron Feutrier.

MM.

Le baron Fréteau de Peny.
Le comte Pernety.
Le comte de La Riboisière.
Le marquis de Rochambeau.
Le vicomte Siméon.
Le comte de Rambuteau.
De Bellemare.
Le baron de Morogues.
Le baron Voysin de Gartempe.
Le marquis d'Andigné.
Le marquis d'Audiffret.
Le comte de Monthion.
Le baron Bignon.
Le marquis de Chapaleilles.
Chevandier.
Le baron Darriule.
Deforest de Quartdeville.
Le baron Dupin.
Le comte Durosnel.
Le marquis d'Escayrac de Lauture.
Le vicomte Harmand d'Abancourt.
Humann.
Kératry.
Le vice-amiral Halgan.
Mérilhou.
Le comte de Mosbourg.
Odier.
Le baron Pelet (de la Lozère).
Le baron Petit.
Poisson.
Le baron de Schonen.
Le vicomte Tirlet.
Le vicomte de Villiers du Terrage.
Le vice-amiral Willaumez.
Le baron Rohault de Fleury.
Laplagne-Barris.
Rouillé de Fontaine.
Le vicomte Sébastiani.
Le comte Harispe.

M. le Président expose que la première question sur laquelle il ait à consulter la Cour est celle de savoir si elle entend qu'il soit procédé à une instruction sur les faits énoncés dans le réquisitoire du Procureur général.

M. le Président ajoute que, dans le cas où cette première question serait résolue par l'affirmative, la Cour aurait à examiner si, conformément à ses usages, elle veut nommer une commission de douze membres pour remplir, pendant l'instruction, les fonctions attribuées à la chambre du conseil par l'article 128 du Code d'instruction criminelle.

Un Pair demande s'il est dans la jurisprudence de la Cour d'ordonner l'information avant toute observation sur sa compétence.

M. le Président expose que tel est l'usage de la Cour; et, en effet, le premier besoin qu'elle éprouve est celui d'être éclairée sur les faits au sujet desquels elle a été convoquée : la discussion sur la compétence ne peut avoir lieu que lorsque le caractère de ces faits a été déterminé par les résultats de l'instruction.

Le préopinant fait remarquer qu'il ne s'agit pas ici d'un crime ordinaire, mais d'une inculpation d'attentat par voie de presse, défini dans un article de loi qui n'a pas encore été appliqué. Il craint que, dans une matière où le corps de délit est aussi simple, l'ordre d'informer ne puisse être considéré comme une sorte de préjugé de la compétence.

Un autre Pair estime qu'avant de rien ordonner la Cour devrait prendre connaissance de l'écrit incriminé par le réquisitoire du ministère public.

Un troisième opinant fait observer que c'est précisément parce que la Cour ignore encore tout ce qui a trait à cette affaire qu'il est indispensable de procéder à une

instruction avant que la question de compétence soit
agitée.

L'auteur des premières observations insiste sur l'importance que peuvent avoir les moindres formes, lorsqu'il s'agit de savoir si la Cour des Pairs déclarera sa compétence spéciale en matière de presse. Toutes les fois
que cette question a été agitée, même incidemment,
devant la Cour, les débats les plus vifs se sont élevés, et
dans les procès même les plus graves on a vu la rigueur
des arrêts s'adoucir en quelque sorte pour les inculpés
dont la prévention se rattachait à des faits de cette nature. Quel examen attentif ne mérite donc pas une affaire
qui repose en entier sur un fait de presse. Quel effet ne
doit pas produire au dehors l'annonce d'une décision
judiciaire qui pour la première fois aura mis à exécution
cette formidable menace inscrite dans les lois de septembre, et qui semblait destinée plutôt à intimider qu'à
punir. L'opinant ne peut s'empêcher de craindre que
l'on ne donne, à tort ou à raison, une signification
grave à l'arrêt qui aura ordonné une instruction sur les
faits énoncés dans le réquisitoire. Il vaudrait mieux à son
avis, si la chose paraissait possible, faire donner immédiatement lecture de la brochure incriminée, et ouvrir
ensuite la discussion sur la compétence. Puisqu'en matière de presse les lois ont abrégé les délais et simplifié
les formes de procédure, puisqu'une citation directe à
l'audience est permise dans ce cas particulier, pourquoi
la Cour des Pairs n'adopterait-elle pas cette marche plus
rapide, et dont la célérité ne saurait avoir d'inconvénient
pour un tribunal habitué à porter dans ses délibérations
tant de sagesse et de maturité.

Un quatrième opinant rappelle que, dans plusieurs
circonstances, la Chambre s'est fait donner lecture, avant

toute délibération, des écrits dont les auteurs se trouvaient cités à sa barre.

Un cinquième opinant fait observer que cette forme n'a été suivie que dans des affaires où la Chambre des Pairs avait à prononcer comme Chambre, et non comme Cour judiciaire, sur des offenses commises envers elle dans le cas particulier prévu par les articles 15 de la loi du 25 mars 1822, et 3 de la loi du 8 octobre 1830 ; mais ces précédents ne peuvent être invoqués dans un procès où le fait dénoncé à la Cour est qualifié d'attentat à la sûreté de l'État, et peut donner lieu à une accusation criminelle.

M. le Chancelier demande à préciser, en quelques mots, les usages de la Cour. A Dieu ne plaise qu'il veuille empêcher la libre expression des opinions et des votes dans une matière dont la Cour est pour la première fois appelée à connaître : mais c'est précisément pour maintenir entière cette liberté d'action, qui appartient essentiellement à la Cour des Pairs, que son Président doit lui rappeler ici les principes résultant de tous ses arrêts. L'ordonnance royale qui convoque la Cour n'a jamais été considérée comme suffisant à elle seule pour déterminer l'exercice de sa haute juridiction. La Cour des Pairs se réserve toujours d'apprécier par elle-même s'il y a lieu de déclarer sa compétence. Mais, pour statuer à cet égard en pleine connaissance de cause, il faut bien qu'elle se fasse rendre compte de l'état des choses, et que, par conséquent, il soit procédé à une instruction préalable sur les faits qui lui ont été déférés. Aucune question ne serait donc préjugée si la Cour, conformément à ses usages, chargeait son Président d'informer à cet égard : cette instruction achevée, il s'empresserait de réunir de nouveau la Cour pour lui faire connaître les résultats de la procédure et poser les questions qui seraient alors à résoudre.

Un sixième opinant expose qu'il serait en effet contraire, non-seulement aux précédents de la Cour mais à toutes les habitudes judiciaires, de faire donner dès à présent lecture de l'écrit incriminé, pour statuer, séance tenante, sur la question de compétence. Le noble Pair déclare qu'il aurait besoin, avant tout, de comparer les passages de l'écrit incriminé avec le texte des lois invoquées par le réquisitoire, qu'il y aurait aussi des circonstances à éclaircir par voie d'interrogatoire ou d'enquête pour arriver à apprécier la criminalité du fait et la culpabilité de son auteur. Il insiste donc pour que la Cour ordonne sur-le-champ, dans les formes ordinaires, qu'il sera procédé à une instruction sur l'affaire qui lui est soumise; mais il ne pense pas qu'il y ait également urgence à nommer une commission de douze membres pour remplir au besoin, pendant cette instruction, les fonctions attribuées à la chambre du conseil par l'article 128 du Code d'instruction criminelle. Les affaires dans lesquelles cette nomination a eu lieu jusqu'ici présentaient un grand nombre de personnes arrêtées, ou bien donnaient à penser, par la nature même de l'inculpation, que le cercle des poursuites pourrait s'étendre; mais, dans le procès déféré aujourd'hui à la Cour, il n'y a qu'un seul inculpé détenu : ce qui presse c'est de l'interroger, de recueillir ses explications et ses dires pour en rendre compte à la Cour : l'opinant demande que ce soin soit confié à M. le Président et aux Pairs qui seraient par lui délégués. La suite de l'instruction fera voir s'il peut devenir nécessaire de nommer un conseil spécial des mises en liberté.

Un septième opinant appuie dans leur entier les

dernières observations qui viennent d'être faites. Les opinans qui ont réclamé la lecture immédiate de l'écrit incriminé n'ont pas réfléchi qu'après cette lecture la Chambre se trouverait en quelque sorte engagée, tandis qu'en ordonnant une instruction préparatoire, elle ne préjuge rien. Dans les tribunaux ordinaires, les interrogatoires, les enquêtes et tous les autres actes d'instruction ne sont pas le fait du tribunal, mais celui du juge auquel ce soin est délégué. Le tribunal n'intervient que lorsque l'instruction est complète, et alors il caractérise les faits et statue sur sa compétence. La situation de la Cour des Pairs est à peu près la même : tant que le rapport de la procédure ne lui a pas été soumis, M. le Chancelier procède seul, ou avec les Pairs qu'il lui plait de déléguer, à la recherche des faits qui peuvent amener la découverte de la vérité ; mais toutes les questions, de compétence ou autres, restent entières. L'opinant demande que l'arrêt soit rendu dans les formes ordinaires quant à ce qui concerne l'instruction du procès, mais il pense qu'il vaut mieux ne pas s'occuper encore de la nomination d'un conseil spécial des mises en liberté : il sera toujours temps de procéder à cette nomination par un arrêt séparé, si le besoin s'en fait sentir.

La Cour, consultée sur la première question ci-dessus posée, décide que, conformément à ses usages, il sera, par M. le Président et par tels de MM. les Pairs qu'il lui plaira commettre, procédé à une instruction sur les faits énoncés dans le réquisitoire du Procureur général.

M. le Président annonce que son intention est de s'adjoindre, pour procéder à l'instruction qui vient d'être ordonnée par la Cour,

MM. le duc Decazes,
le comte de Bastard,
Girod (de l'Ain),
Laplagne-Barris.

Il expose ensuite que, si la nomination immédiate
d'un conseil des mises en liberté n'est demandée par
aucun Pair, il s'abstiendra de consulter la Cour à ce sujet, mais il demanderait alors, dans l'intérêt de la justice
comme dans celui de l'humanité, qu'il fût bien entendu
que si de nouvelles arrestations devenaient nécessaires
pendant l'instruction du procès, les commissaires de la
Cour se réservent de provoquer la nomination d'un
conseil spécial de douze membres, conformément aux
anciens usages.

Aucun Pair ne réclamant la nomination immédiate
d'un conseil spécial des mises en liberté, M. le Président donne lecture à la Cour d'un projet d'arrêt qu'il a
préparé pour formuler, suivant le mode ordinaire, la
délibération qui vient d'être prise.

Ce projet ne donne lieu à aucune observation. La
Cour l'adopte pour la teneur suivante :

ARRÊT DE LA COUR DES PAIRS.

« LA COUR DES PAIRS,

« Vu l'ordonnance du Roi en date d'aujourd'hui ;
« Vu l'article 28 de la Charte constitutionnelle ;
« Vu l'article 1er de la loi du 9 septembre 1835 ;
« Ouï le Procureur général du Roi en ses dires et con-
clusions, et après en avoir délibéré,

« DONNE acte audit Procureur général du dépôt par

15.

lui fait sur le bureau de la Cour, d'un réquisitoire ren-
fermant plainte pour attentat à la sûreté de l'État,
contre l'auteur d'un écrit intitulé : *Relation historique
des événemens du 30 octobre 1836. Le prince Napoléon à Strasbourg. Par M. Armand Laity, ex-lieutenant d'artillerie, ancien élève de l'École polytechnique,* commençant par ces mots : *Vingt ans d'exil
pesaient sur la famille de l'Empereur,* et finissant
par ceux-ci : *Telle était ma manière de voir;* et ses
complices, s'il y a lieu ;

« ORDONNE que, par M. le Chancelier de France,
Président de la Cour, et par tels de MM. les Pairs
qu'il lui plaira commettre pour l'assister et le remplacer en cas d'empêchement, il sera sur-le-champ procédé à l'instruction du procès, pour ladite instruction
faite et rapportée, être par le Procureur général requis,
et par la Cour statué ce qu'il appartiendra;

« Ordonne que les procédures et actes d'instruction
déja faits seront apportés, sans délai, au greffe de la
Cour;

« Ordonne également que les citations et autres actes
du ministère d'huissier seront faits par les huissiers de
la Chambre;

« Ordonne que le présent arrêt sera exécuté à la
diligence du Procureur général du Roi. »

Le Procureur général du Roi et son substitut sont
ensuite introduits de nouveau.

M. le Président donne lecture, en leur présence, de
l'arrêt qui vient d'être rendu.

Cette lecture faite, la séance est levée.

Signé PASQUIER, *président.*

E. CAUCHY, *greffier en chef.*

AFFAIRE
LAITY.

PROCÈS-VERBAL
Nᵒ 3.

COUR DES PAIRS.

Séance secrète du jeudi 28 juin 1838,

Présidée par M. le CHANCELIER.

Le jeudi 28 juin 1838, à midi, la Cour des Pairs se réunit en chambre du conseil, en vertu d'une convocation faite par ordre de M. le Président pour entendre le rapport de ses commissaires instructeurs, sur l'affaire dont le jugement lui a été déféré par l'ordonnance royale du 21 de ce mois.

L'appel nominal, fait par le greffier en chef sur l'ordre de M. le Président, constate la présence des 153 Pairs ayant voix délibérative, dont les noms suivent :

M. le baron PASQUIER, Chancelier de France, Président.

Et MM.

Le duc de Mortemart.
Le duc de Choiseul.
Le duc de Montmorency.
Le comte Klein.
Le duc de Castries.
Le duc de La Trémoille.
Le duc de Caraman.
Le marquis de Louvois.
Le comte Ricard.
Le baron Séguier.
Le comte de Noé.
Le duc de Massa.

MM.

Le duc Decazes.
Le comte d'Argout.
Le comte Claparède.
Le marquis de Dampierre.
Le vicomte d'Houdetot.
Le baron Mounier.
Le comte Mollien.
Le comte Reille.
Le comte de Sparre.
L'amiral comte Truguet.
Le marquis d'Aramon.
Le comte de Germiny.
Le comte de La Villegontier.
Le comte de Bastard.

MM.

Le marquis de Pange.
Le comte Portalis.
Le duc de Praslin.
Le duc de Crillon.
Le duc de Coigny.
Le comte Siméon.
Le comte Roy.
Le comte de Vaudreuil.
Le comte de Tascher.
Le maréchal comte Molitor.
Le comte de Breteuil.
Le vicomte Dode.
Le vicomte Dubouchage.
Le comte Davous.
Le comte de Boissy-d'Anglas
Le duc de Noailles.
Le marquis de Laplace.
Le duc de La Rochefoucauld.
Le marquis de Brézé.
Le comte de Sainte-Aulaire.
Le marquis de Crillon.
Le duc de Richelieu.
Le duc de Bassano.
Le comte de Bondy.
Le comte de Cessac.
Le baron Davillier.
Le comte Gilbert de Voisins.
Le prince de Beauvau.
Le comte d'Anthouard.
Le comte Exelmans.
Le vice-amiral comte Jacob.
Le comte Pajol.
Le vicomte Rogniat.
Le comte Perregaux.
Le duc de Gramont - Cade-
rousse.
Le vice-amiral comte Émériau.
Le baron de Lascours.
Girod (de l'Ain).
Bertin de Veaux.
Besson.
Le président Boyer.
Le vicomte de Caux.
Cousin.

MM.

Le comte Dutaillis.
Le baron de Fréville.
Gautier.
Le comte Heudelet.
Le baron Maïouet.
Le comte de Montguyon.
Le baron Thénard.
Tripier.
Villemain.
Le baron Zangiacomi.
Le comte de Ham.
Le baron de Mareuil.
Le comte Bérenger.
Le comte de Guéhéneuc.
Le comte de Nicolaï.
Félix Faure.
Le comte de Labriffe.
Le comte Daru.
Le comte Baudrand.
Le baron Neigre.
Le baron Saint-Cyr-Nugues.
Le baron Lallemand.
Le baron Duval.
Le comte de Beaumont.
Le baron Brayer.
Le maréchal comte de Lobau.
Le baron de Reinach.
Le comte de Saint-Cricq.
Le comte d'Astorg.
De Gasparin.
Le baron Brun de Villeret.
De Cambacérès.
Le vicomte de Chabot.
Le comte Corbineau.
Le baron Feutrier.
Le baron Fréteau de Peny.
Le marquis de La Moussaye.
Le vicomte Pernety.
Le comte de La Riboisière.
Le marquis de Rochambeau.
Le comte de Saint-Aignan.
Le vicomte Siméon.
Le comte de Rambuteau.
De Bellemare.

MM.	MM.
Le baron de Morogues.	Mérilhou.
Le baron Voysin de Gartempe.	Le comte de Mosbourg.
Le marquis d'Andigné de La Blanchaye.	Odier.
	Paturle.
Le marquis d'Audiffret.	Le baron Pelet.
Le comte de Monthion.	Le baron Pelet (de la Lozère).
Le marquis de Belbeuf.	Périer.
Bessières.	Le baron Petit.
Le baron Bignon.	Poisson.
Le marquis de Chanaleilles.	Le vicomte de Préval.
Chevandier.	Le baron de Schonen.
Le baron Darriule.	Le chevalier Tarbé de Vauxclairs.
Deforest de Quartdeville.	
Le baron Delort.	Le vicomte Tirlet.
Le comte Durosnel.	Le vice-amiral Willaumez.
Le marquis d'Escayrac de Lauture.	Le baron de Gérando.
	Le baron Rohault de Fleury.
Le vicomte d'Abancourt.	Laplagne-Barris.
Kératry.	Rouillé de Fontaine.
Le comte d'Audenarde.	Le vicomte Sébastiani.
Le vice-amiral Halgan.	Le comte Harispe.

M. le Président expose qu'il a reçu de plusieurs des Pairs qui n'ont pu se rendre à la séance de ce jour des lettres d'excuses fondées sur l'état de leur santé ou sur les fonctions publiques qu'il ont à remplir.

MM. le duc Decazes, le comte de Bastard, Girod (de l'Ain) et Laplagne-Barris, délégués par ordonnance de M. le Président, en date du 21 de ce mois, pour l'assister et le suppléer au besoin dans l'instruction, prennent place au bureau, à la droite et à la gauche de M. le Président.

Avant d'accorder la parole au rapporteur, M. le Président annonce que, pour mettre les membres de la Cour à même de suivre avec plus de facilité la lecture du rapport, il en a fait tirer des épreuves imprimées, qui, si la Cour l'autorise, vont être distribuées à chacun de MM. les Pairs présens à la séance.

La Cour ordonne que les épreuves dont il s'agit seront immédiatement distribuées à tous ses membres.

Cette distribution faite, **M.** Laplagne-Barris, rapporteur, obtient la parole et donne lecture à la Chambre de son rapport.

Cette lecture achevée, **M.** le Président propose à la Cour de donner audience au ministère public.

La Cour fait droit à cette proposition : en conséquence **M.** Franck Carré, procureur général du Roi, et **M.** Boucly, substitut du Procureur général, désignés par l'ordonnance royale du 21 de ce mois pour remplir les fonctions du ministère public dans la présente affaire, sont introduits.

Ils prennent place dans le parquet, à la droite de **M.** le Président.

Le Procureur général, ayant obtenu la parole, donne lecture à la Cour du réquisitoire suivant, qu'il dépose, signé de lui, sur le bureau.

RÉQUISITOIRE.

« LE PROCUREUR GÉNÉRAL DU ROI près la Cour des Pairs :

« Vu l'écrit intitulé : *Relation historique des événemens du 30 octobre 1836*, commençant par ses mots : *Vingt ans d'exil pesaient sur la famille de l'Empereur*, et finissant, aux pièces justificatives, par ceux-ci : *Telle était ma manière de voir;*

« Vu les pièces de l'instruction contre François-Armand-Ruppert Laity, inculpé de s'être rendu coupable du crime d'attentat contre la sûreté de l'État, en publiant et distribuant ledit écrit, et contre Louis-Benjamin-Constant Thomassin, Camille Landois et Juliette-Françoise de Lançay, femme Lamotte, inculpés de s'être rendus complices de cet attentat, savoir : Thomassin, en imprimant sciemment, et Landois et la femme Lamotte en distribuant l'écrit incriminé;

« Attendu que cet écrit, dans son ensemble, présente les caractères évidents : 1° D'une provocation au crime prévu par l'article 87 du Code pénal ; 2° d'une attaque contre le principe et la forme du Gouvernement établi par la Charte de 1830, tels qu'ils sont définis par la loi du 29 novembre 1830; ladite attaque ayant pour but d'exciter à la destruction ou au changement du Gouvernement; —que ces caractères se trouvent spécialement dans les passages dudit écrit, articulés au premier réquisitoire;

« Attendu qu'il n'est pas suffisamment établi que Thomassin, Landois et la femme Lamotte aient agi sciemment;

« Mais, attendu que des pièces de l'instruction résulte contre François-Armand-Ruppert Laity prévention suffisamment établie d'avoir fait imprimer, publier et distribuer ledit écrit, et de s'être ainsi rendu coupable des crimes ci-dessus spécifiés;

« Vu les articles 28 de la Charte constitutionnelle, 87 du Code pénal, 1ᵉʳ et 5 de la loi du 9 septembre 1835, 1ᵉʳ de la loi du 17 mai 1819 et 1ᵉʳ de la loi du 29 novembre 1830;

« Attendu que les questions de compétence de la Cour des Pairs sont tout à la fois des questions de droit et des questions de fait;

« Considérant, en droit, que l'article 28 de la Charte constitutionnelle attribue à la Cour des Pairs la connaissance des crimes de haute trahison et des attentats à la sûreté de l'État; que la loi du 9 septembre 1835, dans ses articles 1ᵉʳ, 2 et 5, a donné à certains faits

16

qu'elle définit la qualification d'attentats, et les a formellement et explicitement placés dans la compétence
de la Cour des Pairs, en rappelant l'article ci-dessus
cité de la Charte ;

« Attendu que les faits reprochés au sieur Laity
sont prévus par les articles 1ᵉʳ et 5 de la loi du 9 septembre 1835 ;

« Considérant, en fait, que la publication de l'ouvrage
incriminé ne doit pas être regardée comme un acte
exclusivement personnel au sieur Laity et dont la pensée et l'exécution n'appartiennent qu'à lui ; qu'il résulte
de l'instruction que cette publication avait été concertée
à Arenemberg avec le chef de l'attentat de Strasbourg,
et que le sieur Laity, en venant l'accomplir en France,
n'était encore que l'instrument du parti par lequel cet
attentat avait été commis ;

« Considérant que l'impression de cet écrit à dix mille
exemplaires, au moyen de fonds dont l'inculpé n'a pas
voulu indiquer l'origine, et sa distribution gratuite,
témoignent assez clairement du but que se proposait le
chef du parti, et des espérances qu'il plaçait dans cette
manifestation ;

« Considérant, en effet, que l'ouvrage incriminé présente Louis Napoléon Bonaparte comme le légitime
héritier de la dignité impériale, au mépris des droits
que le vœu de la France et la Constitution assurent au
Roi des Français ; que, d'un autre côté, en se référant
à l'attentat du 30 octobre 1836, dont il tend ouvertement à provoquer le renouvellement, il glorifie cette
criminelle tentative, qu'il représente mensongèrement
comme ayant éveillé les secrètes sympathies du peuple
et de l'armée, et comme n'ayant manqué son effet
assuré que par la plus extraordinaire fatalité ;

« Considérant que l'auteur s'attaque également à la
Chambre des Pairs, dont il prétend que plusieurs
membres avaient, à l'avance, récusé la mission de juger
l'attentat; qu'il ose affirmer que des officiers généraux
et supérieurs, au nombre de quatre-vingts, s'étaient
réunis et avaient pris l'engagement de protester contre
la mise en accusation de Louis Bonaparte; qu'il affirme
encore qu'à Strasbourg il s'était formé un complot
auquel avait pris part une partie de la garnison, et
ayant pour but de soustraire les accusés à la rigueur des
lois, en cas de condamnation; que, pour résumer ces
audacieuses assertions et en méconnaissant l'acte de
clémence royale qui a rendu la liberté au jeune Louis
Bonaparte, il parle de l'impossibilité où se fût trouvé
le Gouvernement *de garder le prince et de le faire
juger dans cette France sillonnée par la gloire
impériale et palpitante encore du souvenir du grand
nom;*

« Considérant que, dans ces circonstances et pour
confondre ces odieuses calomnies et ces folles espérances, il importait essentiellement que la Chambre des
Pairs, qui est tout à la fois un des grands pouvoirs
politiques et le premier des corps judiciaires, fût saisie
de la connaissance d'une affaire pour laquelle d'ailleurs
sa compétence en droit est formellement écrite dans
la loi;

« Que si la Charte, en investissant l'une des Chambres
législatives du pouvoir de juger, a eu pour but principal
de garantir tout à la fois la société et l'accusé contre
toutes les influences qui pourraient faire chanceler la
balance de la justice, cette haute et puissante juridiction n'est jamais plus nécessaire qu'en présence de ces
hommes qui s'appuient sur l'impunité pour se poser

16.

audacieusement en face du pays comme conspirateurs et comme traîtres à leurs sermens; qu'il appartient alors à la Chambre des Pairs de réprimer leurs nouveaux écarts, d'arrêter, dès le principe, de nouvelles tentatives; de saisir le manifeste de ce parti, qui signale comme une victoire l'indulgence qu'on lui a montrée, et de prévenir un second attentat, en jugeant un ouvrage qui n'est, en réalité, qu'un acte commis pour en préparer l'exécution.

« Ce considéré :

« Nous requérons qu'il plaise à la Cour :

« Se déclarer compétente;

« Dire qu'il n'y a lieu à suivre contre Thomassin, Landois et femme Lamotte;

« Valider les saisies qui ont été faites et dont les procès-verbaux ont été régulièrement notifiés;

« Décerner ordonnance de prise de corps contre François-Armand-Ruppert Laity;

« Ordonner en conséquence la mise en accusation dudit inculpé et le renvoyer devant la Cour, pour y être jugé conformément à la loi.

« FAIT au parquet de la Cour des Pairs, le jeudi vingt-huit juin mil huit cent trente-huit.

« *Le Procureur général du Roi* :

« Signé FRANCK CARRÉ. »

Le ministère public s'étant retiré, M. le Président expose que les interrogatoires de l'inculpé, qui forment la partie la plus importante des pièces de la procédure écrite, ont été analysés avec soin dans le rapport. Il annonce néanmoins que si la lecture entière de ces pièces est réclamée par un seul Pair elle sera donnée à l'instant même.

Aucun Pair ne réclamant la lecture des pièces, **M.** le Président consulte la Cour sur la première question résultant du réquisitoire, et qui consiste à savoir si elle entend se déclarer compétente pour connaître de l'affaire dont le rapport vient de lui être soumis.

Il est procédé sur cette question à un premier tour d'appel nominal, en commençant par le dernier reçu de MM. les Pairs.

Plusieurs opinants développent les motifs de leur vote.

L'un d'eux fait observer qu'en qualifiant d'attentat à la sûreté de l'État certains faits de provocation au renversement du Gouvernement, ou d'attaque contre son principe, et en déclarant que ces faits pourraient être déférés à la Cour des Pairs, la loi du 9 septembre 1835 n'a pas attribué à cette Cour une compétence nécessaire, mais seulement une compétence facultative, conformément à tous les principes déjà consacrés par la jurisprudence de la Cour en matière d'attentats à la sûreté de l'État. Ainsi donc, si le Gouvernement a le droit de saisir la Cour des Pairs de ces faits nouvellement qualifiés d'attentats, la Cour peut et doit examiner si les attentats qui lui sont ainsi déférés sont de nature à motiver l'exercice de sa haute juridiction. Sans prétendre ici tracer des règles absolues à ce pouvoir discrétionnaire, l'opinant estime que s'il s'agissait de doctrines plus ou moins coupables émises comme opinions personnelles par l'auteur d'un écrit qui aurait appelé l'attention de la justice, une provocation ainsi limitée, une attaque présentant ce caractère individuel ne suffiraient pas pour déterminer la Cour des Pairs à rester saisie du procès : mais dans les faits exposés par le rapport, il voit une publication calculée pour tirer parti d'un événement déplorable, pour présenter comme un acte éminemment national la révolte d'officiers traîtres à leurs sermens, et pour leur préparer, s'il était possible, des imitateurs dans l'avenir, en donnant à croire que le succès de la cause pour laquelle ils s'étaient insurgés à Strasbourg serait dans le vœu du peuple et de l'armée. A ces premières circonstances viennent se joindre celles qui résultent du mode de publication, d'un tirage fait à dix mille exemplaires, d'une distribution gratuite et secrète étendue à toutes les classes de la société. La Cour des Pairs est le tribunal le plus haut placé ; mais il s'agit aussi dans cette affaire des plus chers intérêts du peuple, de l'honneur de l'armée, qui serait compromis par des assertions calomnieuses ; de la religion du serment, qui serait tournée en dérision ; des institutions constitutionnelles, qui seraient présentées comme un mensonge. Ces motifs déterminent le noble Pair à opiner pour la déclaration de compétence.

Un autre opinant se prononce pour l'avis contraire. La Cour des Pairs a le droit de retenir le procès ou de s'en dessaisir : nul doute n'est possible à cet égard ; mais on peut différer de sentimens quant à l'appréciation des circonstances qui doivent la déterminer à juger un attentat commis par voie de presse. A ce sujet, l'opinant se reporte à l'exposé même, fait par M. le Garde des sceaux en 1835, des motifs de la loi promulguée le 9 septembre de cette année ; il y trouve ces paroles remarquables : « Ce que la loi a entendu en réservant « au Gouvernement le pouvoir de saisir la Chambre des « Pairs, c'est de l'autoriser, dans de grandes circonstances,

« lorsque le crime serait grave et qu'il émanerait de
« quelque puissante entreprise ou de hauts personnages,
« à s'adresser à ce tribunal élevé. L'étendue des effets du
« crime, la nécessité d'y mettre un terme, un grand et
« salutaire exemple à donner, voilà ce qui peut porter
« un ministère à se soustraire, dans quelques cas rares,
« au jury, pour s'adresser à la Chambre des Pairs. Toute
« autre politique serait indigne de vous, et perdrait in-
« failliblement le ministère qui l'accepterait. » En prenant la question telle que le ministère l'avait alors posée,
l'opinant se demande si le fait dont la Cour des Pairs
vient d'être saisie constitue un de ces crimes rares,
inattendus, menaçans, qui doivent justifier une déro-
gation au droit commun, ou si ce n'est pas plus tôt,
soit à raison de la personne dont il émane, soit à
raison de l'effet qu'il a pu produire, un délit de
presse ordinaire, qui rentre naturellement dans la compétence du jury. On a présenté cette publication comme
se rattachant à un grand intérêt de parti, comme faite
dans un but éminemment coupable; mais il n'est presque pas de délit de presse qui ne se lie à certaines espérances coupables, et qui ne puisse être considéré, jusqu'à un certain point, comme l'expresion des vœux d'un
parti : les raisons de cette nature ne manqueraient donc
jamais pour saisir la Cour des Pairs. On a parlé du
scandale produit par l'acquittement de Strasbourg; mais
l'institution du jury a cela de salutaire, que ses erreurs
ne laissent pas de traces profondes, car aucune de ses
décisions ne fait jurisprudence, et, sous ce rapport, il y
aurait peut-être moins de péril pour l'État dans un verdict
du jury qui laisserait impunis certains faits coupables, que
dans une décision de doctrine rendue par un grand
corps judiciaire permanent, et qui s'écarterait des prin-

cipes sur lesquels repose notre ordre constitutionnel.
La presse et le jugement par jury sont deux choses qui
ne peuvent plus être séparées dans l'esprit des populations. Le rétablissement sincère de la compétence du
jury en matière de délits de presse, était l'un des premiers vœux de la révolution de 1830; c'est aussi un des
premiers articles qu'a consacrés la Charte revisée, une
des pierres fondamentales de l'édifice; il ne faut pas y
toucher de peur d'ébranler tout l'ensemble. Ce principe
a sans doute ses inconvéniens à côté de ses avantages,
mais quand toutes les anciennes idées ont disparu,
quand la société n'a plus pour s'appuyer ni le prestige
de la légitimité, ni celui de la noblesse ou du clergé,
il faut savoir respecter les principes et même les mots
qui trouvent encore quelque croyance dans l'esprit des
peuples. Si le Gouvernement s'écartait de cette ligne, que
lui conseille la prudence, les grands pouvoirs de l'État
devraient oser l'en avertir; cette hardiesse serait alors
la sauve-garde de la Constitution, et l'histoire en tien-
drait compte un jour à ceux qui auraient ainsi honoré
leur magistrature. L'opinant ne veut pas pousser plus
loin le raisonnement; il est un guide qui lui semble
préférable en cette matière, c'est l'instinct : que la
Chambre se rappelle sa première impression à la lecture
de l'ordonnance qui lui a déféré ce procès, et qu'elle
prononce sous l'empire de ce sentiment qui ne trompe
guère.

Un troisième opinant déclare qu'il respecte autant
que personne au monde les grands principes constitutionnels qui viennent d'être rappelés; mais il ne sépare
pas ces principes des exceptions légales qui en limitent
l'application. Les faits qualifiés par le réquisitoire rentrent
dans les termes de la loi du 9 septembre 1835 : c'est à

la Cour à examiner en toute liberté de conscience s'il est
dans les convenances politiques, comme dans les règles
judiciaires, qu'elle reste saisie. Sous ce rapport, l'écrit
déféré à la Cour est en quelque sorte qualifié par certaines circonstances qui, en étendant sa portée politique,
aggravent son importance. Si l'opinant ne voyait dans
cette publication que l'émission de simples théories plus
ou moins dangereuses, il voterait pour que la Cour se
déclarât incompétente; mais, sous les théories que l'on
signale, il y a des faits, et des faits assez graves pour
que la sûreté de l'État puisse en être compromise. Ce
n'est pas seulement le manifeste d'un parti, c'est une
sorte de drapeau d'insurrection levé au milieu d'une armée fidèle ; c'est une tentative audacieuse faite dans le
but de réhabiliter dans l'histoire, et de glorifier dans l'esprit des peuples, la révolte de quelques officiers parjures
dont l'événement a démenti les vœux coupables. L'opinant ne saurait admettre que la répression d'un pareil
crime, s'il est prouvé, soit laissée au hasard de la décision
d'un jury qui verrait déjà, dans une déclaration d'incompétence émanée de la Cour des Pairs, une sorte de préjugé favorable à la défense.

Un quatrième opinant déclare que si, au mois d'octobre 1836, on avait cru devoir déférer à la Cour des Pairs
le jugement des inculpés de Strasbourg, il n'aurait pas hésité à voter pour que la Cour se déclarât compétente; mais
l'importance déjà ancienne de ce grand procès est-elle
maintenant une raison suffisante pour que la Cour se
saisisse d'un incident qui ne s'y rattache que de bien
loin? Ne serait-ce pas au contraire ajouter une faute
nouvelle à celle qui a été commise il y a deux ans? En
effet, si le fond du procès actuel est peu de chose, ce serait un événement grave et considérable dans l'Etat que

17

la déclaration par laquelle la Cour des Pairs, pour la première fois, dirait qu'il y a lieu de traduire à sa barre un attentat commis par voie de presse. Puisqu'on a attendu si longtemps à faire usage de cette arme mise entre les mains du pouvoir par les lois de septembre 1835, il faudrait mieux choisir l'occasion d'exercer solennellement cette sorte de pouvoir dictatorial contre la presse. On comprend qu'à la suite d'événements où l'assassinat figurait comme moyen d'atteindre un but politique, on ait assimilé aux auteurs de ces attentats ceux qui, par des provocations écrites ou imprimées, auraient inspiré l'idée du crime; mais ce caractère de provocation attentatoire à la sûreté de l'État se rencontre-t-il dans un écrit où l'on raconte des faits, où l'on expose des principes, quelque coupable que puisse être d'ailleurs l'intention de celui qui l'a rédigé? Partout où il y a liberté de la presse, n'est-il pas nécessaire qu'il y ait lutte, débat, contradiction? Le Gouvernement de Juillet est assez fort pour surmonter ces luttes sans sortir de la ligne constitutionnelle, sans déserter le drapeau avec lequel il a triomphé. Le danger des gouvernemens nouveaux est de se laisser aller trop aisément à détruire ce qu'ils considèrent comme un obstacle, et ce qui doit faire plus tard leur appui. L'opinant s'honore d'avoir concouru, dans une autre enceinte, à maintenir intact le principe salutaire de l'inamovibilité des magistrats; il opposera la même résistance aux tentatives qui seraient faites pour enlever au jury la connaissance des délits de la presse. Ce principe, écrit dans la Charte de 1830, est la dot de notre nouvelle dynastie. Il ne faut pas prétexter la raison d'État pour saisir la Cour des Pairs d'un fait qui échappe à sa compétence; c'est en donnant ainsi de l'importance aux délits les plus obscurs qu'on

peut faire un prétendant d'un aventurier. Cet homme,
dit-on, s'appelle Napoléon; mais quelle bataille a-t-il
gagnée pour se parer de ce grand nom? N'y a-t-il pas dans
cette enceinte des hommes qui tiennent de plus près à
l'Empereur? N'est-ce pas ici que se trouve en effet ce
qui reste de ceux qui ont préparé ses victoires, qui ont
mérité, par leur bravoure ou leur génie, de marcher à
sa suite dans l'histoire? Quelle peut être, à côté de ces
grandes renommées, l'influence d'un écrit dicté par un
fanatisme subalterne, sorti de la plume d'un sous-lieu-
tenant rayé des contrôles? Quand Napoléon n'a pas un
soldat, il ne faut pas commettre la faute de paraître lui
donner un martyr? L'opinant insiste donc pour que la
Cour abandonne le fait qui lui a été déféré à la vindicte
ordinaire de la loi. Il a suivi, depuis quelque temps, les
résultats des procès soumis aux jurés, et l'expérience lui
a montré que là où les conclusions du ministère public
sont à la fois fermes et modérées, là où la condamnation
est requise au nom des vrais principes constitutionnels,
l'équité des décisions est en général suffisamment rigoureuse. Il y a donc lieu de penser que si la Chambre réduit le procès actuel à ses proportions véritables, le jury
n'hésitera pas à condamner le fait, non comme attentat,
car aux yeux de l'opinant tel n'est pas son caractère légal,
mais comme délit de presse, comme offense au Gouvernement établi. Si au contraire la Chambre retenait l'affaire,
l'opinant pense que la force des choses l'amènera, dans
le cas où la culpabilité paraîtrait constante, à ne prononcer qu'une peine légère, dont la disproportion avec le
titre exagéré de l'attentat serait évidente à tous les yeux.

   Un cinquième opinant fait observer qu'il ne s'agit pas
ici de savoir ce que la Chambre aurait eu à faire si l'attentat de Strasbourg lui avait été déféré, mais unique-

ment d'apprécier le fait et l'importance politique de
l'écrit soumis à son jugement. La portée de cette publication ne saurait se mesurer par la position sociale de
celui qui paraît en être l'auteur; elle contient, pour le
passé, le panégyrique de la révolte; pour l'avenir, un
appel flagrant à l'insurrection : l'opinant pense donc que
la Cour doit se déclarer compétente.

Un sixième opinant expose que ce qui fait la force
des Gouvernemens c'est surtout une bonne et ferme administration de la justice. Là où des attentats patens et
avérés peuvent échapper à la vindicte des lois, l'organisation sociale s'affaiblit et s'ébranle. Tel est le principe
sur lequel s'appuie l'opinant pour voter la déclaration de
compétence. Parce qu'il y aurait eu en 1835 un attentat
resté scandaleusement impuni, ce ne serait pas un motif
pour courir encore aujourd'hui la chance d'une nouvelle
absolution. L'un des préopinans a fait observer qu'il ne
fallait pas grandir un parti politique en exagérant son
importance, mais il faut aussi apprendre à tous ceux qui
pourraient avoir la pensée de lever le drapeau de la révolte que le Gouvernement a l'œil ouvert sur leurs projets, et ne pas laisser croire que le nom d'un prétendant,
quel qu'il soit, suffit pour procurer l'impunité à ceux
qui auraient conspiré à sa suite. Une décision forte et
juste est le moyen le plus sûr de prévenir ce qu'ensuite
on pourrait avoir à déplorer.

Un septième opinant fait observer que l'attribution
des délits de la presse u jury est un de ces grands principes que la France a péniblement conquis après une
lutte de cinquante ans : il craindrait de compromettre
cette conquête par une déclaration de compétence qui
ne lui paraît pas suffisamment motivée.

Un nouvel opinant fait observer que les institutions

les plus sages ont quelquefois besoin d'être protégées
contre l'abus que voudraient en faire les partis : l'attribution spéciale donnée par la Charte à la Cour des Pairs,
loin de porter atteinte au principe du jugement par jury,
est la sauvegarde de ce principe salutaire. Après l'issue
déplorable d'un procès trop fameux, pouvait-on déférer
au jury la répression d'un nouvel attentat, suite et
conséquence du premier? N'aurait-ce pas été le soumettre
à l'épreuve de séductions trop puissantes, et l'exposer en
quelque sorte à se voir avili dans l'opinion publique,
quand, par une logique à l'usage des partis, on l'aurait
défié de condamner le simple récit d'un fait dont la perpé-
tration était demeurée légalement impunie? En déclarant
aujourd'hui sa propre compétence, la Cour des Pairs
viendra donc en aide à l'institution du jury ; elle ne fera
pas moins pour la liberté de la presse, qu'on a crue à tort
compromise dans cette affaire. De quoi s'agit-il en effet
La publicité des opinions est-elle menacée dans un de
ses organes habituels et périodiques? Nullement : il n'est
question que d'un imprimé jeté au public en dehors de
la presse ordinaire, et qui, si l'on considère son plan et
son but, serait bien moins un écrit qu'un acte coupable,
un appel aux armes, une proclamation séditieuse d'une
nouvelle forme de gouvernement. L'opinant vote en
conséquence pour que la Cour reste saisie.

Un dixième opinant déclare qu'en appuyant cet avis,
son but est de donner un désaveu formel à la tentative
aussi criminelle qu'insensée de Strasbourg.

Un autre Pair regrette que la Cour des Pairs n'ait pas
encore acquis, par ses précédens, le droit d'évoquer
elle-même les affaires qui peuvent rentrer dans sa compétence. Il le regrette en principe, car la constitution
de la Cour ne sera complète et ne perdra tout caractère

de juridiction exceptionnelle que lorsqu'elle aura cette spontanéité d'action qui est de l'essence d'une justice indépendante et libre : il le regrette aussi en fait, car il estime que la Cour aurait trouvé dans la publication dont il s'agit, et dans les circonstances qui l'accompagnent, des motifs suffisans de se saisir elle-même sans attendre la convocation du Gouvernement.

M. le Président expose que l'étendue même de la discussion qui vient d'avoir lieu le dispense de motiver longuement son avis. On s'est beaucoup occupé des lois de septembre : le Président n'ajoutera que deux mots à ce sujet. Ces lois existent; dès lors il les respecte, de ce respect qu'on doit toujours à la législation de son pays. Elles n'avaient pas, il est vrai, reçu jusqu'ici d'application en ce qui concerne les attentats commis par voie de presse, mais faut-il en conclure que cette partie de leurs dispositions était tombée dans une sorte d'oubli? L'efficacité des bonnes lois se fait sentir par cela seul qu'elles existent : elles sont un frein salutaire aux esprits qui s'égarent, et leur utilité n'est jamais plus manifeste que lorsque le Gouvernement est dispensé de recourir aux moyens de répression qu'elles lui donnent. Mais si l'occasion d'en user n'est pas saisie lorsqu'elle se présente justement et manifestement, nul doute alors que l'existence de la loi ne soit véritablement atteinte dans l'opinion, et que, pour le plus grand nombre des esprits, elle ne soit abrogée en quelque sorte par cette désuétude volontaire : or, le Président estime, quant à lui que, si dans le cas qui se présente il n'était pas fait usage de la loi de septembre invoquée, il faudrait à tout jamais renoncer à cet usage. On conçoit parfaitement qu'au seul nom de liberté de la presse les susceptibilités les plus honorables puissent s'émouvoir, mais il faut prendre garde qu'il doit y avoir cependant des limites au droit de tout dire et de tout attaquer. Il n'est pas de liberté qui n'ait ses flatteurs, comme il n'est pas de religion qui n'ait ses fanatiques. C'est à la Chambre des Pairs, à ce corps éminemment conservateur, qu'il appartient de mettre à couvert les principes sur lesquels repose toute sociabilité, et de faire comprendre à l'opinion qu'un écrit par lequel on s'adresse à la fois à des milliers d'hommes pour les égarer et les pousser à la révolte est une des provocations les plus coupables que les lois aient à réprimer; que, par sa gravité, par son but, un tel écrit peut devenir non-seulement un délit mais un crime, un véritable attentat à la sûreté de l'État. Ce principe une fois posé, il ne s'agit plus que de savoir si cette gravité se rencontre dans l'écrit déféré à la Cour : c'est ici une affaire de sentiment intime, de conviction plus que de raisonnement. Le Président estime, dans sa conscience, que le fait dont le sieur Laity est inculpé présenterait cette gravité à un degré plus que suffisant pour déterminer la Cour à s'en réserver la connaissance : sans en développer les motifs déjà indiqués par d'autres opinans, il se persuade que la Chambre des Pairs ne doit pas laisser passer cette occasion qui lui est offerte d'appliquer la loi du 9 septembre 1835.

Le premier tour d'appel nominal achevé, M. le Président en proclame le résultat.

Sur un nombre total de 153 votans, 134 ont opiné pour la déclaration de compétence, 19 seulement dans un sens contraire.

Un second tour d'opinions étant réclamé par plusieurs membres, il est immédiatement procédé à ce second tour.

Un opinant demande à développer de nouveau les motifs de son vote. C'est dans l'intérêt même de la législation de septembre 1835 que l'opinant repousse la déclaration de compétence : il faut, à son avis, réserver pour des cas plus graves, pour des provocations plus dangereuses, l'application de mesures qui ne peuvent être salutaires que si on y recourt à propos. Il ne voit dans la publication déférée à la Cour qu'une tentative impuissante pour raviver des souvenirs qui s'effacent, pour recréer un parti qui n'existe plus. Faut-il donc seconder les vœux d'un homme égaré en lui donnant un théâtre aussi élevé pour exposer des doctrines dont personne ne s'occupe? L'opinant croit qu'il serait plus politique et plus sage de laisser le mépris public faire justice de ces provocations stériles. Les lois de septembre, disait-on en 1835, sont un remède extrême pour des cas extrêmes : n'est-il pas à craindre qu'en les appliquant aujourd'hui on ne rende plus tard leur application impossible lorsque le moment sera venu d'y recourir ?

Le résultat du second tour d'appel étant conforme à celui du premier, quant au nombre des votes exprimés de part et d'autre, M. le Président proclame que la Cour se déclare compétente.

Avant de poser les questions relatives à la mise en accusation, M. le Président rappelle à la Cour que ses décisions à cet égard doivent être prises à la majorité absolue des voix, mais en calculant le nombre des votes de telle manière, qu'il soit fait déduction des voix qui doivent se confondre pour cause de parenté ou d'alliance.

Il est immédiatement procédé à la formation du tableau des Pairs présens à la séance, entre lesquels il

y aura lieu à confusion de votes en cas d'opinions conformes.

M. le Président pose ensuite, en ces termes, les deux
questions relatives à l'inculpé Laity.

1re QUESTION.

« Y a-t-il charges suffisantes pour mettre François-
« Armand-Ruppert Laity en accusation comme ayant
« provoqué par l'un des moyens énoncés en l'article 1er
« de la loi du 17 mai 1819, au crime prévu par l'article 87
« du Code pénal. »

2e QUESTION.

« Y a-t-il charges suffisantes pour mettre le même
« inculpé en accusation comme ayant commis, par les
« mêmes moyens, une attaque contre le principe ou la
« forme du Gouvernement établi par la Charte de 1830,
« ladite attaque ayant pour but d'exciter à la destruction
« du Gouvernement. »

L'appel nominal, auquel il est procédé sur ces deux
questions, donne pour résultat la mise en accusation de
Laity sur les deux chefs.

Aucun Pair ne réclamant un second tour de vote,
M. le Président appelle la délibération de la Cour sur
les questions relatives aux trois inculpés à l'égard desquels le ministère public a conclu à ce qu'il fût déclaré
n'y avoir lieu à suivre, savoir :

Thomassin (Louis-Benjamin-Constant);
Landois (Camille);
Femme Lamotte (Juliette-Françoise de Lançay).

18

Il est procédé séparément à l'appel nominal sur chacun de ces trois inculpés.

Le nombre des votans, qui était de 153 au commencement de la séance, se trouve réduit à 151 par l'absence de MM. le marquis de Brézé et le comte de Guéhéneuc qu'une indisposition a obligés de quitter la séance.

D'après le résultat des appels nominaux, la Cour déclare qu'il n'y a pas charges suffisantes pour accuser les trois inculpés ci-dessus nommés.

M. le Président expose qu'aux termes des articles 8, 10 et 11 de la loi du 26 mai 1819, la Cour doit statuer sur la validité des saisies qui ont été faites tant au domicile de Laity qu'entre les mains des sieurs Thomassin, Saint-Edme, Soubriez, Landois et Marchal.

Ces diverses saisies ayant été notifiées, conformément à la loi, la Cour les déclare régulières et en prononce le maintien.

M. le Président rappelle ensuite à la Cour qu'il lui reste à statuer sur l'impression définitive du rapport, ainsi que sur celle du réquisitoire et des pièces de la procédure. Il fait observer que déjà l'écrit incriminé ainsi que le premier réquisitoire du Procureur général ont été distribués à domicile aux membres de la Cour. Les seules pièces importantes qui restent maintenant à imprimer sont les interrogatoires subis par l'inculpé dans le cours de l'instruction.

La Cour décide qu'il sera fait un tirage définitif du rapport et du réquisitoire du Procureur général. Elle décide également que les interrogatoires de l'accusé Laity seront imprimés pour être distribués à la Cour.

L'ouverture des débats sur l'accusation prononcée par la Cour est fixée par elle au lundi 9 juillet prochain.

M. le Président soumet enfin à la Cour un projet d'arrêt dans lequel se trouvent formulées les diverses décisions qu'elle vient de prendre.

Ce projet d'arrêt est mis aux voix dans la forme ordinaire et adopté par la Cour.

Le Procureur général et son substitut sont de nouveau introduits dans la chambre du conseil.

M. le Président prononce, en leur présence, l'arrêt dont la teneur suit :

ARRÊT DE LA COUR DES PAIRS.

« La Cour des Pairs,

« Ouï dans la séance de ce jour M. Laplagne-Barris en son rapport de l'instruction ordonnée par l'arrêt du 21 de ce mois;

« Ouï, dans la même séance le Procureur général du Roi dans ses dires et réquisitions, lesquelles réquisitions, par lui déposées sur le bureau de la Cour et signées de lui, sont ainsi conçues :

« Nous, Procureur général du Roi près la Cour des Pairs :

« Vu l'écrit intitulé, *Relation historique des événemens du 30 octobre 1836,* commençant par ces mots, *Vingt ans d'exil pesaient sur la famille de l'Empereur,* et finissant, aux pièces justificatives, par ceux-ci, *Telle était ma manière de voir;*

« Vu les pièces de l'instruction contre François-Armand-Ruppert Laity, inculpé de s'être rendu coupable du crime d'attentat contre la sûreté de l'État, en publiant et distribuant ledit écrit, et contre Louis-Benjamin-Constant Thomassin, Camille Landois et Juliette-Françoise de Lançay, femme Lamotte, inculpés de s'être rendus complices de cet attentat, savoir : Thomassin, en imprimant sciemment, et Landois et la femme Lamotte, en distribuant l'écrit incriminé ;

« Attendu que cet écrit, dans son ensemble, présente les caractères évidens 1° d'une provocation au crime prévu par l'article 87 du Code pénal; 2° d'une attaque contre le principe et la forme du Gouvernement établi par la Charte de 1830, tels qu'ils sont définis par la loi du 29 novembre 1830; ladite attaque ayant pour but d'exciter à la destruction et au changement du Gouvernement; que ces caractères se trouvent spécialement dans les passages dudit écrit articulés au premier réquisitoire ;

« Attendu qu'il n'est pas suffisamment établi que Thomassin, Landois et la femme Lamotte aient agi sciemment ;

« Mais, attendu que des pièces de l'instruction résulte contre François-Armand-Ruppert Laity prévention suffisamment établie d'avoir fait imprimer, publier et distribuer ledit écrit, et de s'être ainsi rendu coupable des crimes ci-dessus spécifiés ;

« Vu les articles 28 de la Charte constitutionnelle, 87 du Code pénal, 1ᵉʳ et 5 de la loi du 9 septembre 1835, 1ᵉʳ de la loi du 17 mai 1819 et 1ᵉʳ de la loi du 29 novembre 1830 ;

« Nous requérons qu'il plaise à la Cour :

« Se déclarer compétente ;

« Dire qu'il n'y a lieu à suivre contre Thomassin, Landois et femme Lamotte ;

« Valider les saisies qui ont été faites, et dont les procès-verbaux ont été régulièrement notifiés ;

« Décerner ordonnance de prise de corps contre François-Armand-Ruppert Laity ;

« Ordonner en conséquence la mise en accusation dudit inculpé, et le renvoyer devant la Cour, pour y être jugé conformément à la loi.

« FAIT au parquet de la Cour des Pairs, le jeudi vingt-huit juin mil huit cent trente-huit.

> *« Le Procureur général du Roi,*
>
> « Signé FRANCK CARRÉ. »

« Les pièces ayant été lues,

« Et après en avoir délibéré hors la présence du Procureur général,

« Vu les articles 28 de la Charte constitutionnelle, 87 du Code pénal, 1er et 5 de la loi du 9 septembre 1835, 1er de la loi du 17 mai 1819, 1er de la loi du 29 octobre 1830 ; 8, 10 et 11 de la loi du 26 mai 1819 ;

« En ce qui touche la question de compétence :

« Attendu que

« 1° La provocation, par l'un des moyens énoncés en l'article 1er de la loi du 17 mai 1819, au crime prévu par l'article 87 du Code pénal, soit qu'elle ait été ou non suivie d'effet ;

« 2° L'attaque par les mêmes moyens contre le principe ou la forme du Gouvernement établi par la Charte de 1830, tels qu'ils sont définis par la loi du 29 novembre 1830, lorsqu'elle a pour but d'exciter à la destruction ou au changement du Gouvernement,

« Sont rangées, par les articles 1er et 5 de la loi du 9 septembre 1835, dans la classe des attentats contre la sûreté de l'État, et se trouvent dès lors comprises dans la disposition de l'article 28 de la Charte constitutionnelle

« Attendu qu'il résulterait des faits énoncés dans le réquisitoire que ces provocation et attaque auraient été commises par l'impression, la publication et la distribution de l'écrit intitulé, *Relation historique des événemens du 30 octobre 1836,* commençant par ces mots, *Vingt ans d'exil pesaient sur la famille de l'Empereur,* et finissant, aux pièces justificatives, par ceux-ci, *Telle était ma manière de voir;*

« Attendu que le mode et les circonstances de cette publication, le grand nombre d'exemplaires gratuitement distribués en divers lieux et dans le but ci-dessus indiqué, imprimeraient à cet attentat le caractère de gravité qui doit déterminer la Cour à s'en réserver la connaissance;

« En ce qui touche les exemplaires de l'écrit ci-dessus désigné, saisis :

« 1° Au domicile de Laity, le 21 de ce mois; 2° au domicile de Thomassin, le même jour; 3° au domicile de Saint-Edme, ledit jour; 4° au domicile de Soubriez, le 22 du même mois; 5° au domicile de Landois, le 23 du même mois; 6° enfin au domicile de Marchal, le même jour;

« Attendu que lesdites saisies ont été régulièrement notifiées les 22 et 23 de ce mois;

« Au fond:

« En ce qui concerne

« Thomassin (Louis-Benjamin-Constant),
« Landois (Camille),
« Femme Lamotte (Juliette-Françoise de Lançay),

« Attendu que de l'instruction ne résultent pas contre eux charges suffisantes de culpabilité;

« En ce qui concerne

« Laity (François-Armand-Ruppert),

« Attendu que de l'instruction résultent contre lui charges suffisantes de s'être rendu coupable de l'attentat ci-dessus qualifié,

« Crime prévu par les art. 1er et 5 de la loi du 9 septembre 1835, 1er de la loi du 17 mai 1819, 1er de la loi du 29 novembre 1830, 87 du Code pénal;

« Se déclare compétente;

« Maintient les saisies susénoncées;

« DÉCLARE n'y avoir lieu à suivre à l'égard de Thomassin, Landois et femme Lamotte;

« ORDONNE la mise en accusation de François-Armand-Ruppert Laity;

« Ordonne, en conséquence, que ledit Laity (François-Armand-Ruppert), âgé de vingt-cinq ans, né à Lorient (Morbihan), demeurant en dernier lieu à Paris, rue Feydeau, n° 30; taille de 1 mètre 66 centimètres, cheveux et sourcils blonds, yeux gris, nez bien fait, bouche moyenne, menton rond et visage ovale,

« Sera pris au corps et conduit dans telle maison d'arrêt que le Président de la Cour désignera pour servir de maison de justice près d'elle;

« Ordonne que le présent arrêt, ainsi que l'acte d'accusation dressé en conséquence, seront, à la diligence du Procureur général du Roi, notifiés audit accusé;

« Ordonne que les débats s'ouvriront le lundi 9 juillet prochain;

« Ordonne que le présent arrêt sera exécuté à la diligence du Procureur général du Roi. »

Cet arrêt prononcé, les membres du ministère public se retirent.

La minute de l'arrêt est immédiatement signée par 150 Pairs sur les 151 présens à la séance.

Le Pair qui a refusé de signer est M. Villemain.

Signé PASQUIER, *président.*

E. CAUCHY, *greffier en chef.*

COUR DES PAIRS.

Audience publique du lundi 9 juillet 1838,

Présidée par M. le CHANCELIER.

L'an 1838, le lundi 9 juillet, la Cour des Pairs, spécialement convoquée, s'est réunie pour le jugement de l'accusation portée contre François-Armand-Ruppert Laity, suivant arrêt du 28 juin dernier.

La salle ordinaire des séances de la Chambre a été disposée pour ces débats.

MM. les Pairs qui doivent prendre part au jugement occupent leurs siéges ordinaires.

Le fauteuil de M. le Président a été transporté à gauche de la séance de MM. les Pairs, sur une estrade préparée à cet effet.

En face de cette estrade est le banc de l'accusé, devant lequel sont placés deux bureaux pour ses défenseurs.

Dans le parquet, à droite de MM. les Pairs, est le bureau destiné au Procureur général.

A gauche et au-dessous du bureau de M. le Président est celui du greffier en chef et de son adjoint.

Les tribunes qui entourent la salle reçoivent de nombreux assistans.

Avant d'entrer en audience publique, la Cour se

réunit dans l'une des salles du musée du Luxembourg, préparée pour servir de Chambre du conseil.

A midi, la Cour, précédée de ses huissiers, entre dans la salle d'audience, où déjà le public et l'accusé ont été introduits.

Immédiatement après la Cour, sont introduits, précédés des huissiers du parquet, M. Franck Carré, Procureur général du Roi, et M. Boucly, substitut du Procureur général, nommés par l'ordonnance du Roi du 21 juin dernier, pour remplir les fonctions du ministère public dans la présente affaire.

Mᵉ Michel (de Bourges) et Mᵉ Delangle, défenseurs de l'accusé, sont présens au barreau.

MM. les Pairs ayant pris séance, et l'assemblée étant découverte, M. le Président déclare l'ouverture de l'audience.

Il invite le public admis à cette audience, à écouter dans un respectueux silence les débats qui vont avoir lieu.

Le greffier en chef, sur l'ordre de M. le Président, fait l'appel nominal des membres de la Cour, à l'effet de constater le nombre des Pairs présens, qui, seuls, pourront prendre part au jugement.

Cet appel, fait par ordre d'ancienneté de réception, suivant l'usage de la Cour, constate la présence des 151 Pairs dont les noms suivent :

M. le baron PASQUIER, Chancelier
  de France, Président.

    'Et MM.

Le duc de Mortemart.
Le duc de Choiseul.
Le duc de Broglie.
Le duc de Montmorency.
Le comte Klein.

MM.

Le duc de Castries.
Le duc de Caraman.
Le marquis de Louvois.
Le comte Ricard.
Le baron Séguier.
Le comte de Noé.
Le duc de Massa.

MM.

Le duc Decazes.
Le comte d'Argout.
Le comte Claparède.
Le marquis de Dampierre.
Le vicomte d'Houdetot.
Le baron Mounier.
Le comte Mollien.
Le comte Reille.
Le comte de Sparre.
Le marquis d'Aramon.
Le comte de Germiny.
Le comte de La Villègontier.
Le comte de Bastard.
Le marquis de Pange.
Le comte Portalis.
Le duc de Praslin.
Le duc de Crillon.
Le duc de Coigny.
Le comte Siméon.
Le comte Roy.
Le comte de Vaudreuil.
Le comte de Tascher.
Le maréchal comte Molitor.
Le comte d'Haubersart.
Le comte de Breteuil.
Le vicomte Dode.
Le comte Davous.
Le marquis de Laplace.
Le duc de La Rochefoucauld.
Le vicomte de Ségur-Lamoignon.
Le marquis de Lauriston.
Le duc de Périgord.
Le comte de Sainte-Aulaire.
Le duc de Bassano.
Le comte de Bondy.
Le comte de Cessac.
Le baron Davillier.
Le comte Gilbert de Voisins.
Le comte d'Anthouard.
Le comte Exelmans.
Le vice-amiral comte Jacob.
Le comte Pajol.
Le vicomte Rogniat.
Le comte Philippe de Ségur.

MM.

Le comte Perregaux.
Le duc de Gramont-Caderousse.
Le vice-amiral comte Émériau.
Le baron de Lascours.
Le comte Roguet.
Le comte de La Rochefoucauld.
Girod (de l'Ain).
Le baron Atthalin.
Aubernon.
Besson.
Le président Boyer.
Le vicomte de Caux.
Cousin.
Le comte Desroys.
Le comte Dutaillis.
Le baron de Fréville.
Le comte Heudelet.
Le baron Malouet.
Le comte de Montguyon.
Le baron Thenard.
Tripier.
Villemain.
Le baron Zangiacomi.
Le comte de Ham.
Le comte Bérenger.
Le comte Guéhéneuc.
Le comte de La Grange.
Le comte de Nicolaï.
Félix Faure.
Le comte de Labriffe.
Le comte Daru.
Le comté Baudrand.
Le baron Neigre.
Le baron Saint-Cyr-Nugues.
Le baron Lallemand.
Le baron Duval.
Le comte de Beaumont.
Le baron Brayer.
Le maréchal comte de Lobau.
Le comte de Saint-Cricq.
Le comte d'Astorg.
De Gasparin.
Le baron Brun de Villeret.
De Cambacérès.

MM.

Le vicomte de Chabot.
Le comte Corbineau.
Le baron Feutrier.
Le baron Fréteau de Peny.
Le marquis de La Moussaye.
Le comte Pernety.
Le baron de Prony.
Le comte de La Riboissière.
Le comte de Saint-Aignan.
Le vicomte Siméon.
Le comte de Rambuteau.
De Bellemare.
Le baron de Morogues.
Le baron Voysin de Gartempe.
Le marquis d'Andigné de la Blan-
    chaye.
Le marquis d'Audiffret.
Le comte de Monthion.
Le marquis de Belbeuf.
Bessières.
Le baron Bignon.
Le marquis de Chanaleilles.
Chevandier.
Le baron Darriule.
Deforest de Quartdeville.
Le baron Delort.

MM.

Le comte Durosnel.
Le marquis d'Escayrac de Lauture.
Le vicomte d'Abancourt.
Kératry.
Le comte d'Audenarde.
Le vice-amiral Halgan.
Mérilhou.
Odier.
Paturle.
Le baron de Vendeuvre.
Le baron Pelet.
Le baron Pelet (de la Lozère).
Périer.
Le baron Petit.
Poisson.
Le vicomte de Préval.
Le baron de Schonen.
Le chevalier Tarbé de Vauxclairs.
Le vicomte Tirlet.
Le vice-amiral Willaumez.
Le baron de Gérando.
Le baron Rohault de Fleury.
Laplagne-Barris.
Le vicomte Sébastiani.
Le comte Harispe.

— Dans le cours de l'appel nominal, M. le Président informe la Cour des excuses qui lui ont été adressées par plusieurs de MM. les Pairs qui ne sont pas présens à la séance.

L'appel nominal achevé, M. le Président, pour se conformer à l'article 310 du Code d'instruction criminelle, demande à l'accusé quels sont ses nom, prénoms, âge, lieu de naissance, profession et domicile.

L'accusé répond se nommer :

François-Armand-Ruppert Laity, âgé de 25 ans, né à Lorient (Morbihan), sans profession, demeurant à

Arenemberg, et résidant en dernier lieu à Paris, rue Feydeau, n° 30.

M. le Président rappelle ensuite aux défenseurs de l'accusé les règles que leur prescrit, dans la défense, l'article 311 du Code d'instruction criminelle.

Il avertit l'accusé d'être attentif à ce qu'il va entendre, et ordonne au greffier en chef de donner lecture

1° De l'arrêt de la Cour en date du 28 juin dernier qui prononce la mise en accusation et fixe à aujourd'hui l'ouverture des débats;

2° De l'acte d'accusation dressé en conséquence par le Procureur général contre François-Armand-Ruppert Laity.

Le greffier en chef donne lecture de ces deux pièces.

M. le Président procède ensuite à l'interrogatoire de l'accusé.

L'écrit incriminé est représenté à l'accusé, qui le reconnaît.

M. le Président annonce ensuite que la parole est au Procureur général pour développer les moyens de l'accusation.

En ce moment M⁰ Michel (de Bourges), l'un des défenseurs de l'accusé, demande à soumettre à la Cour une observation. Il expose que son dessein est de discuter, avant tout autre moyen, la question de compétence; mais s'il est bien entendu que l'accusé conservera la faculté de faire valoir plus tard ce moyen préjudiciel avant de se défendre au fond, le défenseur, pour épargner les momens de la Cour, se réservera de plaider ensemble tous les moyens de la cause après que le ministère public aura été entendu.

M. le Président fait observer au défenseur que rien ne s'oppose à ce qu'il plaide à la fois sur la compétence et sur le fond du procès : il déclare au besoin lui donner acte de ses réserves à cet égard.

Le Procureur général obtient en conséquence la parole et développe les moyens de l'accusation.

Après que le Procureur général a cessé de parler, l'accusé Laity demande à être entendu personnellement dans ses moyens de défense.

Il donne lecture d'un discours contenant des explications sur sa conduite et sur les faits qui lui sont imputés.

La parole est ensuite accordée aux défenseurs de l'accusé.

Mᵉ Michel (de Bourges), l'un d'eux, est entendu dans sa plaidoirie, tant sur l'exception d'incompétence que sur le fond même du procès.

Sans présenter de conclusions écrites au sujet de la compétence, le défenseur développe diverses considérations tendant à établir 1° que les faits imputés à l'accusé ne constituent pas un attentat à la sûreté de l'État ; 2° que lors même qu'il y aurait attentat, cet attentat ne présenterait pas les circonstances de gravité qui pourraient déterminer la Cour des Pairs à s'en réserver la connaissance.

Cette plaidoirie terminée, le Procureur général déclare qu'il renonce à prendre de nouveau la parole ; il se borne en conséquence à déposer sur le bureau son réquisitoire écrit et signé de lui.

L'accusé ayant également déclaré qu'il n'avait rien à ajouter à sa défense, M. le Président prononce la clôture des débats.

L'audience publique est levée : la Cour se forme en chambre du conseil.

Signé PASQUIER, *président.*

E. CAUCHY, *greffier en chef.*

COUR DES PAIRS.

Séance secrète du lundi 9 juillet 1838,

Présidée par M. le CHANCELIER.

Le lundi 9 juillet 1838, à 4 heures de relevée, la Cour, composée comme il est dit au procès-verbal de l'audience publique de ce jour, se forme en Chambre du conseil après la clôture des débats sur l'accusation portée contre

François-Armand-Ruppert Laity.

M. le Président fait observer qu'au moment où va commencer une délibération essentiellement secrète de sa nature, tout lui fait un devoir de rappeler à chacun des membres de la Cour combien est absolue cette loi du silence qu'imposent les fonctions de juge. Ce n'est pas assez, pour s'y conformer, de ne rien faire qui la blesse directement; mais il importe encore d'éviter les moindres paroles, les conversations les plus indirectes, dont l'indiscrétion pourrait s'emparer pour faire pénétrer la publicité dans des délibérations judiciaires, d'où les convenances, comme les lois, veulent qu'elle demeure exclue. Ce n'est pas seulement la dignité de la Cour des Pairs qui peut se trouver ainsi compromise: toute indiscrétion de la presse en cette matière constitue un véritable délit, réprimé par des peines sévères, et

si certaines circonstances particulières, qui se rattachent
à la composition de la Cour des Pairs et au nombre de ses
membres, ont pu motiver jusqu'ici quelque indulgence
de la part du ministère public, l'existence de la loi que
le Président vient de rappeler n'en est pas moins un fait
grave, surtout en ce qui touche les rapports intimes de
cette question avec la justice ordinaire et le jury.

Cette observation faite, M. le Président fait donner
lecture à la Cour du dernier réquisitoire du Procureur
général, lequel est ainsi conçu :

RÉQUISITOIRE.

« Le Procureur général près la Cour des Pairs,

« Attendu qu'il résulte de l'instruction et des débats
que, par la publication de l'écrit intitulé, *Relation historique des événemens du 30 octobre 1836. Le prince
Napoléon à Strasbourg*, commençant par ces mots,
Vingt ans d'exil pesaient sur la famille de l'Empereur,
et finissant, aux pièces justificatives, par ceux-ci, *Telle
était ma manière de voir*, ledit écrit, imprimé et publié, François-Armand-Ruppert Laily s'est rendu coupable, dans le cours du mois de juin dernier :

« 1° De provocation à l'attentat ayant pour but de
détruire ou de changer le Gouvernement; ladite provocation non suivie d'effet;

« 2° D'une attaque contre le principe ou la forme du
Gouvernement établi par la Charte de 1830, tels qu'ils
sont définis par la loi du 29 novembre 1830; ladite attaque ayant pour but d'exciter à la destruction ou au
changement du Gouvernement;

« Attendu que ces faits constituent les attentats à la sûreté de l'État, prévus et réprimés par les articles 1er et

5 de la loi du 9 septembre 1835, l'article 1er de la loi du 17 mai 1819, l'article 1er de la loi du 29 novembre 1830, et l'article 87 du Code pénal ;

« Requiert qu'il plaise à la Cour :

« Déclarer François-Armand-Ruppert Laity coupable desdits attentats à la sûreté de l'État ; lui faire application des peines portées par les articles 1er et 5 de la loi du 9 septembre 1835 ci-dessus cités, et fixer, à raison des condamnations pécuniaires qui seraient prononcées, la durée de la contrainte par corps, conformément aux articles 40 et 7 de la loi du 17 avril 1833.

« FAIT à l'audience publique de la Cour des Pairs, le 9 juillet 1838.

« *Signé* FRANCK CARRÉ. »

M. le Président expose qu'avant de statuer sur le ré-quisitoire, il est une question préjudicielle dont il convient de s'occuper. Par l'arrêt rendu le 28 juin dernier, la Cour s'est déclarée compétente pour connaître de l'affaire qui lui est soumise ; mais ce premier arrêt étant rendu en l'absence de toute contradiction, il est dans les usages de la Cour que la question de compétence puisse être agitée de nouveau lorsque l'accusé croit à propos de la soulever aux débats. La Cour vient d'entendre les moyens développés à cet égard par l'un des défenseurs de Laity, et bien que le déclinatoire n'ait pas été proposé sous forme de conclusions positives, le Président pense que la Cour ne fera pas difficulté de délibérer formellement à ce sujet. Il annonce en conséquence qu'il va prendre les voix sur la question de savoir si la Cour persiste à se déclarer compétente par les motifs énoncés dans l'arrêt du 28 juin dernier.

L'appel nominal auquel il est procédé donne pour

résultat 139 voix pour l'affirmative et 12 voix pour la négative de la question posée par M. le Président.

Aucun membre ne réclamant un deuxième tour d'appel sur cette question, la Cour maintient sa première déclaration de compétence.

M. le Président rappelle ensuite que, d'après les précédens, aucune décision touchant la culpabilité ou la peine ne peut être prise contre l'accusé qu'à la majorité des cinq huitièmes des voix, déduction faite de celles qui, suivant l'usage de la Cour, doivent se confondre pour cause de parenté ou d'alliance. Il propose à la Cour de procéder immédiatement à la formation du tableau de ceux de MM. les Pairs présens à la séance, dont les voix doivent se confondre en cas d'opinions conformes.

Un Pair fait observer que, dans plusieurs projets de loi rédigés à diverses époques pour régler les formes de procédure de la Cour des Pairs, il avait été proposé de ne plus avoir égard, dans le calcul des votes, aux relations de parenté ou d'alliance. La commission spéciale chargée, en 1836, de s'occuper de ces graves questions, avait reconnu qu'en effet, dans un tribunal composé d'un aussi grand nombre de juges, aucun concert entre parens ne pouvait être à craindre, et que la règle posée par les précédens pouvait causer d'assez graves embarras dans la supputation des suffrages et dans la fixation du nombre de membres nécessaire pour délibérer, sans procurer aucun avantage réel à l'accusé, puisque la confusion pouvait réduire aussi bien le nombre des suffrages tendant à l'acquittement que celui des votes émis pour la condamnation. L'avis exprimé à ce sujet par la commission de 1836 avait été suivi dans le projet de loi présenté par le Gouvernement l'année suivante. En s'appuyant sur ces graves autorités, l'opinant demande si la

Cour ne devrait pas s'occuper de réviser sa jurisprudence en ce qui concerne ce point particulier.

M. le Président expose qu'en l'absence d'une loi de procédure, les précédens de la Cour des Pairs sont sa véritable loi : il faudrait, pour y déroger une délibération spéciale qui ne pourrait être prise qu'après un examen approfondi.

L'observation faite n'ayant pas d'autre suite, il est procédé, ainsi qu'il suit, à la formation du tableau de réduction des voix :

TABLEAU des membres de la Cour dont les voix doivent se confondre, en cas d'opinions conformes.

Ne compteront que pour une voix :

Comme père et fils,

M. le comte Siméon et M. le vicomte Siméon ;

Comme frères,

M. le duc de La Rochefoucauld et M. le comte de La Rochefoucauld ;

Comme beaux-frères,

M. le comte de Breteuil et M. le duc de Praslin ;

Comme oncle et neveu propres,

M. le comte Siméon et M. le comte Portalis,

M. le duc de Broglie et M. le baron de Lascours.

M. le comte Philippe de Ségur et M. le vicomte de Ségur-Lamoignon ;

Comme beau-père et gendre,

M. le comte Roy et M. le comte de La Riboissière,

M. le comte de Sainte-Aulaire et M. le duc Decazes.

Ce tableau dressé, M. le Président expose qu'aux termes de l'arrêt du 28 juin dernier, de l'acte d'accusation, et du réquisitoire présenté à l'audience de ce jour par le Procureur général, François-Armand-Ruppert Laity est accusé d'avoir, par l'impression, la publication et la distribution de l'écrit déféré à la Cour, commis un attentat à la sûreté de l'État,

1° En provoquant à commettre le crime prévu par l'article 87 du Code pénal, ladite provocation restée sans effet;

2° En attaquant le principe ou la forme du Gouvernement établi par la Charte de 1830, tels qu'ils sont définis par la loi du 29 novembre 1830, ladite attaque ayant pour but d'exciter à la destruction ou au changement du Gouvernement.

M. le Président annonce que, d'après les usages de la Cour, il doit être voté séparément sur chacun de ces chefs d'accusation. Il pose donc, en premier lieu, la question de savoir si l'accusé s'est rendu coupable d'attentat à la sûreté de l'État par provocation non suivie d'effet au crime prévu par l'article 87 du Code pénal.

Dans le cours de l'appel nominal ouvert sur cette question, un Pair déclare que la publication de l'écrit incriminé ne lui paraît pas constituer l'attentat à la sûreté de l'État, défini par les articles 1 et 5 de la loi du 9 septembre 1835, mais qu'il y trouverait plutôt les caractères du délit prévu par l'article 8 de la même loi, qui punit *toute attaque contre le serment..... toute apologie de faits qualifiés crimes et délits par la loi pénale.* L'opinant demande donc si, en cas de solution négative des deux questions indiquées tout à l'heure par M. le Président, il n'y aurait pas lieu de poser une question subsidiaire formulée dans les termes de l'article 8 de la loi du 9 septembre 1835?

Un autre Pair estime que la Cour des Pairs peut

toujours choisir, entre les diverses qualifications résultant
de la loi pénale, celle qui s'applique le mieux au fait
dont elle est saisie. Si donc la Cour pensait que la
Relation des événemens du 30 octobre 1836 a été
trop sévèrement qualifiée par le réquisitoire, si après
avoir été entraînée par de hautes considérations politiques à déclarer sa compétence, elle ne trouvait pas,
dans les faits résultant du débat, ce degré de criminalité
et de gravité qui constitue l'attentat à la sûreté de l'État,
l'opinant n'hésiterait pas à chercher un autre texte de
loi plus directement applicable, et celui qui vient d'être
indiqué lui paraît avoir ce caractère. Il est vrai que la
compétence de la Cour des Pairs ne peut existir que
lorsqu'il y a prévention d'attentat, mais il arrive tous
les jours qu'un fait renvoyé à la cour d'assises avec la
qualification de crime, se transforme à l'audience en un
simple délit correctionnel, et la cour, une fois saisie,
reste compétente pour prononcer la peine quelle qu'elle
soit. L'opinant soutient qu'il doit en être de même
devant la Cour des Pairs, et s'il n'est pas sans inconvénient de faire ainsi intervenir la Pairie dans le jugement de simples délits de la presse, c'est là, suivant
lui, le danger des juridictions exceptionnelles. La juridiction naturelle en fait de presse comme en fait de délits
politiques est le jury : la Cour des Pairs n'aura jamais ce
caractère, car la Charte le lui refuse : et on ne voudra
pas sans doute en faire, suivant l'expression énergique
d'un orateur, la cour prévotale de la presse. Il eût donc
mieux valu ne pas la saisir; mais une fois qu'elle s'est
déclarée compétente, l'opinant pense que l'affaire doit
se terminer devant elle, et puisqu'elle ne doit compte
de ses arrêts qu'à sa propre conscience et à l'histoire,
rien ne saurait l'empêcher de descendre dans l'échelle

de la criminalité comme dans celle des peines, si la vérité et la justice le lui conseillent.

Un troisième opinant déclare au contraire qu'il lui paraît impossible, dans l'état où l'affaire se présente, de poser, comme question subsidiaire, celle de savoir si l'accusé n'aurait pas commis le délit prévu par l'article 8 de la loi du 9 septembre 1835, car cette nouvelle qualification du fait incriminé échapperait à la compétence de la Cour des Pairs. Il est vrai que dans les débats de cour d'assises, un fait présenté d'abord comme un crime redescend quelquefois au rang de simple délit; mais cette transformation ne peut avoir lieu que lorsque les résultats de la procédure écrite ont été modifiés par le débat oral; lorsque l'accusation principale n'étant pas suffisamment justifiée, on voit surgir à l'audience, soit un nouveau fait, soit du moins une prévention nouvelle d'un ordre inférieur. Pour appliquer ce principe au procès actuel, l'opinant se demande ce qu'il y a de changé dans la nature des faits soumis à la Cour, ou même dans les circonstances qui s'y rattachent : l'écrit incriminé était sous ses yeux au moment où l'accusation a été prononcée; chaque Pair avait pu en prendre lecture, et c'est par cette lecture, bien plus que par les impressions du débat, qu'en matière de presse la conviction du juge peut se former. L'opinant déclare que, pour lui, cette conviction est restée la même; il s'opposerait donc à ce qu'une question subsidiaire fût posée.

Un quatrième opinant, en appuyant ce dernier avis, fait observer que pour descendre à l'application de l'article 8 de la loi du 9 septembre il faudrait dépouiller le fait soumis à la Cour de toutes les circonstances qui lui donnent le caractère d'attentat, et qu'alors ce ne serait plus qu'un simple délit de presse, qui ne rentrerait à aucun titre dans la compétence de la Cour des Pairs. Ni les précédens de la Cour, ni les principes posés dans la loi de septembre 1835, ne lui permettraient de se saisir d'un tel fait. Mais pour revenir à la qualification adoptée par l'arrêt de compétence, l'opinant déclare que parmi les deux chefs d'accusation formulés dans cet arrêt, et dont chacun pris à part suffirait pour constituer l'attentat, il en est un qui lui paraît mieux établi que l'autre. La provocation non suivie d'effet au renversement du Gouvernement, et l'attaque ayant pour but d'exciter à la destruction de ce même Gouvernement, sont deux faits qui, au premier coup d'œil, semblent se confondre; cependant la provocation offre peut-être l'idée d'une tentative plus immédiate et plus directe que la simple attaque accompagnée d'excitation à l'attentat. Et comme aux yeux de l'opinant, le fait déféré à la Cour paraît plutôt une attaque méditée pour amener plus tard le changement du Gouvernement, qu'une provocation immédiate à le renverser, il répond négativement sur la première question, en se réservant de répondre affirmativement sur la seconde.

Un autre Pair déclare qu'il a peine à comprendre comment on pourrait déclarer l'accusé coupable d'attaque contre le principe du Gouvernement avec intention formelle d'exciter à sa destruction, sans reconnaître qu'il est en même temps coupable de provocation au crime prévu par l'article 87 du Code pénal. Le noble Pair ne voit dans ces deux qualifications qu'une double manière d'envisager une même intention coupable.

Un dernier opinant expose qu'il reconnaît dans le fait déféré à la Cour les caractères du crime défini par

les articles 1 et 5 de la loi du 9 septembre 1835, et non
ceux du simple délit prévu par l'article 8 de la même
loi; mais, contrairement à l'avis exprimé tout à l'heure,
il soutient que, quand même l'article 8 paraîtrait seul
applicable, la Cour ne cesserait pas pour cela d'être compétente pour en connaître; car une fois que sa compétence s'est trouvée établie par le titre de l'accusation
prononcée à raison d'un fait qualifié d'attentat à la sûreté de l'État, les changemens qui peuvent survenir
dans la manière d'envisager ce fait au moment de prononcer sur la criminalité ne doivent pas avoir pour
effet de dessaisir la Cour. A ce sujet, l'opinant s'élève
contre toute doctrine qui tendrait à faire considérer la
Cour des Pairs comme un tribunal d'exception. Cette Cour
n'est pas sans doute la juridiction ordinaire et commune
pour toutes les personnes et pour tous les faits, mais
dans l'ordre des faits et des personnes auxquels s'étend
sa compétence, elle juge tous les faits à l'égard de certaines personnes et toutes les personnes à raison de certains faits : sa juridiction est donc entière sous ce rapport, de même qu'elle est indépendante et libre à tous
égards.

M. le Président déclare qu'il s'associe de grand cœur
à ce qui vient d'être dit en dernier lieu sur le caractère qui appartient à la compétence de la Cour. Non,
la Cour des Pairs n'est pas un tribunal d'exception, car
il faut s'expliquer une bonne fois sur le sens véritable
de ce mot, si souvent mal appliqué. Que faut-il entendre par tribunal d'exception, si ce n'est une juridiction de simple hasard qui existe aujourd'hui, qui n'existera plus demain, et dont les membres étaient autrefois
qualifiés de commissaires et non de juges; mais qu'a de
commun avec de pareils tribunaux l'organisation de la

Cour des Pairs, juridiction permanente appelée à juger nécessairement certaines classes de justiciables, et toujours compétente pour connaître de certains faits. Aussi, dans l'opinion du Président, il suffit que la Cour des Pairs se soit définitivement saisie par un arrêt de compétence pour qu'elle doive juger le fait dont elle a retenu la connaissance, quel que soit le résultat des débats et de la délibération qui les suit, et quand même elle ne rencontrerait en définitive qu'un simple délit ou un crime non attentatoire à la sûreté de l'État, là où elle avait cru d'abord apercevoir les circonstances qui constituent l'attentat. L'indépendance de la Cour des Pairs semble exiger qu'il en soit ainsi, car si, par le résultat de son arrêt, d'autres juges devaient être appelés à connaître d'un fait relativement auquel elle avait reconnu sa compétence sous la qualification d'attentat, ne pourrait-il pas arriver que les magistrats ordinaires vinssent à retrouver les caractères de l'attentat là où la Cour des Pairs aurait cessé de les apercevoir? Un pareil conflit ne pourrait que compromettre la dignité de ses arrêts. Mais le Président ne pense pas que dans le procès actuel il y ait lieu de soulever une semblable difficulté. La provocation lui paraît ici presque aussi évidente que l'attaque au Gouvernement établi. Il est bien vrai que la provocation semble supposer quelque chose de plus incitant, de plus clairement hostile que la simple attaque; mais qu'y a-t-il donc de plus manifeste et de plus clair que le but d'une publication dans laquelle on ne glorifie la révolte passée que pour présenter comme facile et d'un succès presque assuré le renouvellement de ces actes coupables? On a beaucoup parlé, dans ces discussions, des lois de septembre 1835. En se portant pour fidèle observateur de ces lois, le Président doit dire qu'il n'a d'aveugle adoration pour aucune d'elles; qu'il est même plusieurs de leurs dispositions sur lesquelles il pourrait se trouver en dissentiment avec leurs auteurs. Mais s'il est un article qu'il approuve hautement, c'est celui qui proclame qu'un délit de la presse peut, à raison de certaines circonstances, s'élever à la criminalité de l'attentat; ce mot n'a rien ici d'exorbitant, car il n'exprime qu'une chose vraie. Non-seulement un écrivain peut se rendre coupable d'attentat, mais même du plus dangereux des attentats; car un coup de main peut être réprimé par un coup de main, tandis que la distribution d'un écrit provocateur, qui se répand avec profusion dans tous les rangs de la société, peut être un fait infiniment plus périlleux et plus grave. En appliquant ce principe aux circonstances du procès actuel, le Président déclare qu'il n'hésite pas à y reconnaître tout ce qui doit déterminer la Cour à faire application de l'article 1er de la loi du 9 septembre. Et puisque le nom de Napoléon a été prononcé dans cette affaire, le Président déclare que lui aussi est un de ceux qui s'honorent d'avoir le mieux servi ce grand homme et d'avoir été, plus que d'autres, admirateurs de son génie; mais le sentiment de respect et de reconnaissance que lui inspire la mémoire de l'Empereur, loin de le porter à une indulgence intempestive, lui fait sentir encore plus la nécessité d'empêcher que ce nom glorieux ne soit mis en quelque sorte au service des prétentions insensées de jeunes imprudens dont les efforts tendraient à détruire la plus belle œuvre de Napoléon, en ramenant la France à l'état d'anarchie d'où son génie l'avait tirée.

Le résultat du premier tour d'appel nominal donne 131 voix pour l'affirmative et 20 seulement pour la négative de la première question posée par M. le Président.

Plusieurs Pairs estiment que si un second tour d'appel n'est pas réclamé, la Cour pourrait passer au vote sur l'autre question.

M. le Président rappelle que, d'après tous les précédents de la Cour des Pairs, la culpabilité d'un accusé ne saurait être prononcée avant que les voix aient été prises par deux fois au moins, pour donner à chaque opinant la faculté de persister dans son vote ou de le changer.

Il est, en conséquence, procédé à un second tour d'appel nominal sur la question précédemment posée.

Dans le cours de cet appel, un Pair revient sur les principes établis par les derniers opinans au sujet du caractère qui appartient à la juridiction de la Cour des Pairs. Ce qui détermine le caractère d'un tribunal, ce n'est pas sa durée, mais sa compétence. Celle de la Cour des Pairs a été constitutionnellement définie; cette Cour n'est donc pas un tribunal d'exception. Mais l'opinant soutient qu'elle pourrait facilement le devenir en se laissant aller trop aisément à juger de simples délits au lieu d'attentats. Or, si ce malheur pouvait arriver, ce serait le cas de dire qu'il n'y aurait pas de tribunal d'exception pire qu'un tribunal permanent. Jusqu'ici la Cour des Pairs a fait preuve d'une sage réserve lorsqu'il s'est agi d'exercer sa juridiction en matière de presse; elle a mis en dehors de l'affaire d'avril des écrits provocateurs qui se rattachaient cependant à des faits matériels d'attentats. Les lois de septembre, il est vrai, n'étaient pas encore intervenues; mais, en ce qui concerne la compétence de la Cour des Pairs, ces lois devaient rester en quelque sorte comminatoires. L'arrêt que va rendre la Cour serait le premier à leur donner une dangereuse et compromettante réalité.

21.

Un autre Pair fait observer qu'en matière aussi grave il importe de ne pas changer la véritable acception des mots. Si la qualification de tribunal exceptionnel a quelque chose qui répugne à l'idée de justice, c'est lorsqu'on applique ce mot à des commissions de jugement créées par caprice et pour le besoin d'une affaire; mais, si l'on devait entendre par tribunaux d'exception ceux dont la compétence est restreinte par la loi à certains faits ou à certaines personnes seulement, il faudrait dire que ces juridictions exceptionnelles sont tout aussi respectables, tout aussi conformes aux vrais principes sur lesquels repose une bonne administration de la justice, que les tribunaux dont la compétence s'étend à un plus grand nombre de faits ou de personnes. C'est ainsi qu'au civil les tribunaux de paix et de commerce, au criminel les tribunaux correctionnels ou les conseils de guerre, pour n'avoir pas la plénitude de juridiction, comme les cours royales ou le jury, n'en sont pas moins, dans le cercle de leurs attributions, de véritables tribunaux de droit commun. Tel est le seul titre que puisse jamais accepter la Cour des Pairs.

Le résultat du deuxième tour d'appel nominal s'étant trouvé exactement conforme à celui du premier tour, M. le Président appelle la délibération de la Cour sur la deuxième question résultant de l'acte d'accusation, et qui consiste à savoir si l'accusé s'est rendu coupable d'attentat à la sûreté de l'État par attaque ayant pour but d'exciter à la destruction du Gouvernement.

Un Pair fait observer que, l'accusé ayant été déclaré coupable d'attentat sur le premier chef, la solution de la deuxième question paraît avoir maintenant peu d'importance, car la Cour ne peut appliquer deux peines à un même fait qui se trouverait qualifié de deux manières différentes.

Un autre Pair ajoute qu'à son avis le chef d'accusation relatif à l'attaque prévue par l'article 5 de la loi de 1835 n'était en quelque sorte que subsidiaire et pour le cas où le premier chef aurait été écarté par la Cour; car, suivant la distinction établie par plusieurs opinans, la provocation semble impliquer l'attaque, tandis que l'attaque peut exister sans présenter ce caractère d'une incitation immédiate qui constitue la provocation. Mais, du moment que l'accusé a été déclaré coupable sur le premier chef, la réponse sur la seconde question ne saurait être douteuse.

M. le Président expose que, la Cour ayant une fois déclaré qu'il y avait attentat, la situation de l'accusé ne peut plus être aggravée par la réponse qui sera faite sur la deuxième question : mais il importe à la régularité de la procédure qu'il soit statué sur tous les chefs du réquisitoire présenté par le procureur général.

Par le résultat de l'appel nominal, la Cour, à la majorité de plus des cinq huitièmes, résout affirmativement la deuxième question posée par M. le Président.

L'heure étant avancée, la Cour s'ajourne à demain, à une heure précise, pour continuer la délibération commencée.

Signé PASQUIER, *président.*

E. CAUCHY, *greffier en chef.*

AFFAIRE
LAITY.

PROCÈS-VERBAL
N° 6.

COUR DES PAIRS.

Séance secrète du mardi 10 juillet 1838,

Présidée par M. le CHANCELIER.

Le mardi, 10 juillet 1838, à une heure de relevée, la Cour des Pairs se réunit en chambre du conseil pour continuer sa délibération sur le réquisitoire présenté par le Procureur général à l'audience publique d'hier.

L'appel nominal fait par le greffier en chef constate la présence de 150 Pairs, sur 151 qui assistaient à l'audience publique d'hier.

Le Pair absent est M. le vicomte de Préval, retenu par indisposition.

M. le Président expose que les questions relatives à la culpabilité de l'accusé ayant été affirmativement résolues dans la séance d'hier, la Cour a maintenant à statuer sur l'application de la peine. M. le Président fait donner avant tout lecture des articles 1er et 5 de la loi du 9 septembre 1835, d'après lesquels l'attentat qualifié par les précédentes décisions de la Cour est puni de la détention et d'une amende de dix mille à cinquante mille francs. Il annonce ensuite qu'il va d'abord prendre les voix en ce qui touche la peine de la détention.

Un Pair demande la parole sur la position de la question; il fait observer qu'en ce qui touche l'application de la peine, la Cour des Pairs n'est pas obligée de se con-

former au texte des lois pénales ; qu'elle est en possession du droit de modérer les pénalités portées par la loi,
ou même de descendre, suivant les circonstances, à une
peine d'un degré inférieur. Dans cette situation particulière à la Cour, l'opinant pense qu'il ne serait pas sans
inconvénient de poser la question de telle manière que
la délibération parût porter uniquement sur l'application
de telle ou telle peine définie par la loi ; il estime que,
dans le premier tour d'opinions, chaque membre doit être
libre de donner toute latitude à son vote quant au choix
des pénalités qu'il juge applicables au fait reconnu
constant.

M. le Président expose qu'il n'entend gêner en aucune
manière l'exercice du droit qui appartient à la Cour de
modérer les peines ; mais dans une matière où, à raison
de la nature du fait, il paraît y avoir lieu de prononcer
deux sortes de pénalités : l'une afflictive, l'autre pécuniaire, l'ordre de la délibération semble exiger qu'il soit
voté séparément sur chacune d'elles.

Un Pair déclare que s'il s'agit ici d'une simple mesure
d'ordre, il n'a pas d'objections à élever contre la manière
dont la question a été posée ; mais il demande qu'il soit
alors bien entendu que la division du vote n'aura lieu
qu'en ce qui touche la distinction à faire entre la peine
afflictive et la peine pécuniaire ; et que chaque Pair, en
répondant à la première question, conservera toute liberté, soit de substituer la peine de l'emprisonnement à
celle de la détention, soit même de voter la détention
pour une durée moindre que celle qui est déterminée
par l'article 20 du Code pénal.

L'auteur des premières observations expose qu'en
rappelant ici le droit spécial de la Cour en matière de
pénalité il importe de bien préciser dans quelles limites

ce droit s'est exercé jusqu'ici. La faculté de substituer
une peine d'un degré inférieur à celle que prononce la
loi est la seule dont la Cour des Pairs ait usé dans ses arrêts. Quant à la question de savoir si elle pourrait changer la nature des peines définies par le Code pénal, et,
par exemple, prononcer la détention pour moins de cinq
années, cette question a été, il est vrai, agitée dans les
délibérations sur l'affaire d'avril, mais on a fortement com-
battu les raisons mises en avant pour déplacer ainsi les
limites légales de chaque peine, et, si quelques votes
isolés se sont prononcés en faveur de cette opinion, il
convient d'observer qu'elle n'a encore prévalu dans aucun arrêt.

Un nouvel opinant expose que, si la faculté de prononcer la détention pour moins de cinq années ne résulte pas des précédents de la Cour, ceux de ses membres qui trouveraient cette peine trop longue et trop
rigoureuse ont un moyen facile d'arriver à leur but en
prononçant la peine d'emprisonnement, dont la nature
comporte légalement une moindre durée.

M. le Président fait observer qu'après cette sorte de
discussion préparatoire, qui pouvait avoir son utilité
pour éclairer l'opinion des nouveaux membres de la
Cour, il doit faire reprendre à la délibération son cours
régulier, en prenant les voix par appel nominal dans la
forme ordinaire.

Il est en conséquence procédé à un premier tour d'appel nominal sur l'application de la peine.

Un Pair expose qu'en recherchant dans les précédents
de la Cour les règles qu'il avait à suivre, comme mem
bre nouveau de cette haute magistrature, il y a trouvé ce
fait important rappelé tout à l'heure : que, dans plusieurs
circonstances, la Cour des Pairs s'est crue en droit de

22

modérer les peines portées par le Code pénal. Mais, quant
aux conséquences à tirer de ce fait, il s'est élevé dans
l'esprit de l'opinant un doute dont il doit rendre compte
à ses collègues, en soumettant toutefois son opinion in-
dividuelle à celle de la Cour. L'opinant s'est donc demandé
si, depuis la loi du 18 avril 1832, relative à la réforme du
Code pénal, les raisons sur lesquelles s'appuyait l'ancienne jurisprudence de la Cour en matière de pénalité
subsistent encore. Il comprend fort bien que, sous l'empire d'un Code qui appliquait aux faits qualifiés crimes
ou délits un tarif de pénalités établi avec une précision
en quelque sorte mathématique, la Cour des Pairs ait
cru devoir s'affranchir des entraves de la loi pour tempérer au besoin la rigueur des peines; mais le changement
important que ses arrêts avaient, en quelque sorte, préparé s'est réalisé, en 1832, dans la législation de droit
commun. La question de savoir s'il existe des circonstances
atténuantes est toujours posée maintenant en matière criminelle, et, en cas de solution affirmative de cette question,
les juges doivent abaisser la peine d'un degré au moins,
de deux au plus. Cette latitude a paru suffisante pour
tous les cas, et, depuis six années, aucune plainte ne
s'est élevée sur la manière dont la loi criminelle est appliquée; on n'a plus signalé de disproportion entre les
faits déclarés constants par le jury et les peines prononcées par les cours d'assises. Mais si telle est la situation
nouvelle résultant de la loi de 1832, ne faut-il pas en
conclure que la Cour des Pairs n'a plus aujourd'hui les
raisons, qu'elle avait auparavant, de revendiquer un pouvoir discrétionnaire absolu en matière de pénalité? Ce
pouvoir ne saurait lui appartenir qu'à titre de corps politique ou à titre de juge. Comme corps politique, la
Chambre des Pairs est appelée à participer du pouvoir

législatif, mais elle ne peut se mettre au-dessus des lois. Plus la position qu'elle occupe est élevée, plus elle doit s'abstenir de faire ce que la loi ne permet pas. Comme Cour de justice, ses devoirs sont encore plus nettement tracés : il n'y a de véritable liberté et de véritable justice que là où le juge se regarde comme esclave de la loi. Or, la loi n'admet la possibilité de modérer la peine que lorsqu'il existe en faveur de l'accusé des circonstances atténuantes; la raison elle-même l'avait proclamé avant la loi, car toute réduction de peine suppose qu'aux yeux des juges le délit a perdu quelque chose de sa gravité, et l'opinion publique ne manquerait pas d'interpréter en ce sens l'arrêt de la Cour s'il n'appliquait pas la peine portée par la loi. Ces considérations font penser à l'opinant que le premier point à examiner, quant à l'application de la peine, est celui de savoir s'il existe au procès des circonstances atténuantes. Dans le cas où il serait reconnu qu'il en existe, le noble Pair ne croirait pas indispensable pour cela de le déclarer expressément par l'arrêt, puisque telle est la forme suivie jusqu'à présent par la Cour; mais cette déclaration serait, suivant lui, sous-entendue si la peine appliquée était inférieure à la peine légale. Ce n'est donc plus une question de droit, c'est une question de fait qu'il croit devoir traiter ici, et, à ce sujet, il examine d'abord jusqu'à quel point la déclaration qu'il existe des circonstances atténuantes pourrait se concilier avec l'arrêt du 28 juin dernier, par lequel la Cour a reconnu que les circonstances de l'attentat lui imprimaient un caractère de gravité suffisant pour qu'elle dût en demeurer saisie. Soit que l'opinant envisage ces circonstances par rapport au fait en lui-même, soit qu'il recherche son but, ses moyens d'exécution, soit enfin qu'il s'attache à considérer la personne

22.

de l'accusé, il ne trouve rien qui atténue la gravité de l'attentat déclaré constant, et dès lors il est conduit à penser que la Cour doit rester, quant à l'application de la peine, dans les limites tracées par la loi du 9 septembre 1835.

Un second opinant déclare qu'il ne saurait comprendre comment le pouvoir discrétionnaire de la Cour, en matière de pénalité, serait amoindri depuis que le principe d'atténuation facultative des peines est devenu le droit commun en vertu de la loi de 1832.

Un troisième soutient que, si la Cour des Pairs peut se trouver quelquefois gênée dans ses délibérations sur la compétence, à raison des conséquences politiques que pourrait avoir un arrêt de dessaisissement, c'est un motif de plus pour qu'elle reprenne toute la latitude de son libre arbitre lorsqu'il s'agit d'appliquer la peine. Or, il ne saurait croire qu'il puisse être juste, ou même politique, d'appliquer une peine infamante à un fait de presse.

Un quatrième opinant estime qu'après les développemens donnés tout à l'heure à une opinion qui tendrait à modifier la jurisprudence de la Cour des Pairs en matière de pénalité, il importe de rétablir ici quel est le véritable droit de la Cour. Ce droit n'a rien de commun avec la faculté donnée aux tribunaux ordinaires par le nouvel article 463 du Code pénal. Lorsque le jury a déclaré qu'il existe des circonstances atténuantes, la Cour d'assises est forcée d'abaisser la peine d'un degré : elle peut même l'abaisser de deux; mais là s'arrête son pouvoir. La peine n'est changée qu'à raison de la déclaration affirmative du jury sur la question relative aux circonstances atténuantes, et alors même le droit de la Cour d'assises est encore circonscrit dans des limites rigoureusement

fixées par la loi. C'est qu'en effet le changement apporté
sous ce rapport à la législation antérieure a eu pour but de
condescendre à une certaine tendance du jury, qui répu-
gnait à déclarer la culpabilité lorsque la peine prononcée
par la loi lui paraissait hors de proportion avec la gravité du
crime. On a remédié à cet abus en donnant aux jurés un
moyen d'exercer indirectement leur part d'action sur l'application de la peine : les condamnations sont devenues
moins sévères, mais elles ont été plus fréquentes, et l'on
n'a plus vu d'acquittemens scandaleux. Tel a été le but
et le résultat des modifications apportées au Code pénal.
Mais les précédents de la Cour des Pairs s'appuient sur
un ordre d'idées tout différent. C'est comme pouvoir
politique que cette Cour souveraine s'est attribué le droit
de choisir les peines qu'il lui convient d'appliquer à
chaque fait. On a souvent répété que c'est la Chambre
des Pairs qui, en matière criminelle, remplit à la fois les
fonctions de cour d'assises et de jury. L'essence de son caractère politique ne l'abandonne pas en effet dans l'exercice
de ses attributions judiciaires, et sans s'arrêter à une simple
appréciation matérielle des circonstances atténuantes qui
serait au-dessous de sa dignité, elle se détermine, quant à
l'application de la peine, par de plus hautes considérations
tirées tout à la fois de l'intérêt public et de la position des
accusés traduits à sa barre. Qui pourrait nier que la Cour
des Pairs en déclarant sa compétence ne fasse un acte politique en même temps que judiciaire? C'est par des motifs
analogues qu'elle se détermine lorsqu'il s'agit d'appliquer
la peine. Elle envisage quel est l'intérêt général de la société, quel sera le résultat le plus avantageux à l'ordre
public. En partant de ce point de vue, l'opinant développe diverses considérations tendant à établir que ce
n'est pas sur la partie afflictive de la peine, mais plutôt

sur la partie pécuniaire que doit porter la rigueur de la
condamnation à prononcer contre l'accusé Laity.

Un cinquième opinant déclare qu'en se plaçant au
même point de vue que le dernier orateur, il se trouve
conduit à une conclusion tout opposée : c'est dans un
intérêt politique qu'il croit nécessaire d'appliquer ici une
peine qui soit en proportion avec la qualification d'*attentat* donnée au fait dont la Cour a été saisie. Il ne
faut pas, à son avis, amoindrir dans l'esprit des peuples
le caractère de gravité qui s'attache naturellement à ce
mot, en réprimant par de simples peines correctionnelles un crime placé au premier rang dans l'échelle de
la culpabilité. Le véritable intérêt d'État dans cette affaire, c'est d'empêcher que le crime de Laity ne puisse
trouver des imitateurs : or croit-on qu'à côté de l'en-
traînement des passions politiques et des promesses
séduisantes des fauteurs de désordre, la crainte d'une
année d'emprisonnement, compensée par cette satisfac-
tion d'amour-propre que promet une grande occasion
d'occuper de soi l'attention publique, soit un frein suffisant pour retenir, au besoin, dans le devoir de jeunes
et bouillans courages?

Un sixième opinant trouve à la fois la consécration
la plus solennelle et la définition la plus exacte du droit
de la Chambre, en matière de pénalité, dans le projet
de loi de procédure préparé en 1836 par une commission composée des hommes les plus éminens. « La Cour
« des Pairs, disait l'article 140 de ce projet, ne peut
« dans aucun cas prononcer contre un accusé une peine
« plus forte que la peine portée par la loi contre le crime
« ou le délit dont il aura été déclaré coupable ; elle peut
« toujours prononcer une peine moindre. » En regret-
ant que ce principe, comme tant d'autres qui résultent

des précédens, n'ait pas encore été mis à l'abri des objections par une loi qu'il appelle de tous ses vœux, l'opinant soutient que la Cour des Pairs ne peut justifier sa juridiction en matière de presse que par la modération qu'elle saura mettre dans les condamnations prononcées contre ces délits fictivement élevés à la hauteur de l'attentat. S'il a pu être dérogé sous ce rapport au droit commun de la compétence, c'est, suivant lui, parce que la raison d'État paraissait exiger que, dans certains cas, il y eût en quelque sorte certitude de condamnation; mais, une fois ce résultat obtenu, l'intérêt public n'exige pas que la répression soit exorbitante. L'opinant pense donc que la peine de l'emprisonnement doit être ici substituée à celle de la détention.

Un septième opinant expose que pour apprécier la nature du pouvoir discrétionnaire que la Cour des Pairs tire de ses précédens, il n'est pas inutile de rechercher quelle a été leur origine. Après de longues discussions sur les principes, la question a été tranchée par un fait : la Cour a fondé son droit en appliquant une peine moindre que celle qui était portée par la loi; mais ce droit n'est pas un pur arbitraire. Dans l'état actuel de la législation, les peines ne sauraient être à la discrétion du juge, comme elles l'étaient quelquefois dans l'ancien droit; et si la Cour des Pairs peut tempérer la rigueur des lois pénales, l'opinant soutient que, pour la déterminer à user de pareils tempéramens, il faut que des circonstances véritablement atténuantes lui aient apparu dans les faits soumis à son jugement. Il est vrai que ses précédens la dispensent d'énoncer dans ses arrêts qu'il existe des circonstances atténuantes : il est vrai encore qu'elle doit jouir à cet égard d'une plus grande latitude que le jury, et qu'elle peut chercher des raisons de modérer

la peine, non-seulement dans le résultat des débats, mais
aussi en dehors de la cause, dans la situation générale du
pays; car, en même temps qu'elle exerce des fonctions
judiciaires, elle ne peut perdre entièrement son caractère de pouvoir politique. Toutefois, ces deux caractères,
bien que réunis ensemble, ne doivent jamais se confondre; la Cour des Pairs repoussera toujours comme
une injure la qualification de tribunal politique. Qu'est-
ce, en effet, qu'un tribunal politique, si ce n'est celui
qui se détermine, non par des preuves, mais par des
considérations occultes ou par une mystérieuse raison
d'État? La Cour des Pairs n'a rien de commun avec les
commissaires ou les inquisiteurs d'État; sa conscience
est son seul guide ; et, soit qu'elle prononce sur sa compétence, soit qu'elle statue sur l'application de la peine,
elle se détermine, non par des raisons de complaisance
envers le pouvoir, mais par des motifs de justice et d'é-
quité. Si donc l'opinant avait pensé que le fait déféré à
la Cour ne constituait qu'un simple délit, il n'aurait pas
voté pour la déclaration de compétence; mais, cette
compétence une fois déclarée, il ne voudrait pas que la
Cour, en appliquant de simples peines correctionnelles,
parût appeler à elle tous les délits de la presse, lorsqu'elle ne doit rester juge que des attentats.

Un huitième opinant fait observer que tout tribunal
dont les arrêts sont irréformables se trouve naturellement investi du pouvoir de tempérer l'application des
lois. La Cour des Pairs a usé largement de ce pouvoir;
elle a constitué les règles de sa propre compétence;
elle a créé sa procédure, et, en matière de pénalité, il
lui est arrivé non-seulement de modérer la rigueur de
la loi pénale, mais même de faire une peine qui n'exis-
tait pas encore. C'est en vertu de cette latitude inhé-

rente à la position politique de la Cour que l'opinant a voté, dans l'espèce, pour la déclaration de compétence. S'il s'était cru obligé de suivre impérieusement la lettre de la loi, il aurait peut-être hésité à accepter la connaissance de cette affaire; mais, en évitant, par des considérations politiques qui sont loin d'être des raisons de complaisance, une déclaration d'incompétence dans laquelle le Gouvernement aurait pu voir un refus de concours, le noble Pair se réservait de modérer la peine, suivant que la justice pourrait l'exiger : il se croit donc pleinement fondé à user maintenant de ce droit.

M. le Président commence par rappeler les observations qu'il avait cru devoir présenter dans la séance secrète du 31 juillet 1835, en expliquant pourquoi la question relative aux circonstances atténuantes ne serait pas posée à la Cour dans la délibération sur le vaste attentat d'avril 1834. Ces observations, ayant alors obtenu l'assentiment de l'assemblée, il ne paraît pas nécessaire d'insister ici sur ce point. Quant à la jurisprudence de la Cour en matière de pénalité, le Président sera toujours le premier à la maintenir en toute circonstance, car il la croit aussi fondée en justice et en raison qu'en droit public; mais il ne pense pas que ce pouvoir modérateur des peines puisse être un moyen de revenir en quelque sorte, comme on l'indiquait tout à l'heure, sur une déclaration de compétence qui aurait été légalement prononcée. Si le Président n'avait pas reconnu dans le fait déféré à la Cour les caractères véritables de l'attentat, aucune considération politique n'aurait pu le déterminer à voter pour que la Cour se déclarât compétente : comme aussi il a dû rechercher aux débats si le fait n'aurait pas perdu quelque chose de sa gravité première; mais sa convic-

tion, à cet égard, est restée la même. En écoutant avec
une scrupuleuse attention la défense de l'accusé prononcée par lui-même, il a été loin de trouver aucune
circonstance qui pût atténuer cette gravité : loin de là.
Il ne peut donc s'empêcher de voter, sur l'application de
la peine, sous l'empire des mêmes impressions qui ont
dicté son vote sur les questions de compétence et de
culpabilité.

L'auteur des premières observations, relatives au droit
de la Cour en matière de pénalité, déclare que les doutes
qu'il avait d'abord conçus sur l'existence de ce droit ont
disparu devant les raisons concluantes développées dans
le cours de la discussion.

M. le duc de Praslin et M. le comte de Gueheneuc
ayant été obligés de se retirer pour cause d'indisposition, pendant ce tour d'appel nominal, le nombre des
votans se trouve réduit à 148.

Le compte des votes donne le résultat suivant :

Pour la détention pendant 20 années. . .　　3 voix.
　　　　　　　　　pendant 10 années. . .　39
　　　　　　　　　pendant　8 années. . .　14
　　　　　　　　　pendant　5 années. . .　71
Pour l'emprisonnement . . . .　21

Ces votes se modifient ainsi qu'il suit au deuxième
tour de scrutin :

Pour la détention pendant 20 années. .　　1 voix.
　　　　　　　　　pendant 10 années. .　22
　　　　　　　　　pendant　8 années. .　13
　　　　　　　　　pendant　5 années. .　91
Pour l'emprisonnement. . . . .　21

Il est procédé à un troisième tour d'appel dont le résultat est proclamé ainsi qu'il suit :

Pour la détention pendant 20 années. .　　1 voix.

Pour la détention pendant 10 années. . .   2

              pendant 8 années. . .   1

              pendant 5 années. . . 123

Pour l'emprisonnement.   21

L'avis qui tend à infliger à l'accusé cinq années de détention ayant obtenu plus des cinq huitièmes des voix, M. le Président annonce que les opinions vont être prises en ce qui concerne l'application de la peine d'amende.

Le résultat du 1er tour de vote est constaté ainsi qu'il suit :

Pour 50,000 francs d'amende . . . .   62 voix.

     30,000.   4

     25,000.   1

     20,000.   6

     10,000.   73

      5,000.   2

Les voix ayant été prises une deuxième fois, ce résultat est modifié de la manière suivante :

Pour 50,000 francs d'amende. . . . .   24 voix.

     20,000.   4

     25,000.   1

     10,000. 119

D'après ce résultat la Cour condamne l'accusé Laity à cinq années de détention et à 10,000 francs d'amende.

M. le Président expose que pour se conformer aux dispositions de l'article 40 de la loi du 17 avril 1832 la Cour doit fixer la durée de la contrainte par corp, qui pourrait être exercée à raison des condamnations pécuniaires prononcées contre Laity.

M. le Président ajoute qu'aux termes de l'article 7 de la même loi la durée de cette contrainte doit être d'un an au moins et de dix ans au plus.

23.

La Cour, consultée par appel nominal, fixe à une année la durée de la contrainte par corps qui pourra être exercée, le cas échéant, contre le condamné.

M. le Président donne ensuite lecture à la Cour d'un projet d'arrêt dans lequel il a formulé les décisions qui viennent d'être prises, ainsi que les dispositions accessoires qui, aux termes des lois, sont la conséquence des condamnations prononcées contre Armand-François-Ruppert Laity.

Ce projet d'arrêt ne donne lieu à aucune observation.

Il est adopté par la Cour dans la forme ordinaire.

La minute de cet arrêt est immédiatement signée par 146 Pairs, sur 148 dont la Cour demeure composée.

Les deux Pairs qui ont refusé de signer sont MM. Villemain et Cousin.

La Cour entre ensuite en audience publique pour la prononciation de cet arrêt.

Signe PASQUIER, *président.*

E. CAUCHY, *greffier en chef.*

COUR DES PAIRS.

Audience publique du mardi 10 juillet 1838,

Présidée par M. le CHANCELIER.

Le mardi 10 juillet 1838, à six heures de relevée, la Cour, à l'issue de la Chambre du conseil, entre en audience publique pour vider le délibéré ordonné dans l'audience d'hier.

L'accusé n'est pas présent.

Mᵉ Michel (de Bourges), l'un de ses défenseurs, est au barreau.

Le ministère public est introduit.

Le greffier en chef, sur l'ordre de M. le Président, fait l'appel nominal des membres de la Cour.

Cet appel nominal constate la présence de 146 Pairs sur 148 qui ont assisté aux délibérations en Chambre du conseil.

Les deux Pairs absens sont MM. Villemain et Cousin.

L'appel nominal achevé, M. le Président prononce l'arrêt dont la teneur suit :

ARRÊT DE LA COUR DES PAIRS.

« La Cour des Pairs,

« Vu l'arrêt du 28 juin dernier, ensemble l'acte d'accusation dressé en conséquence contre François-Armand-Ruppert Laity;

« Ouï le Procureur général du Roi, en ses dires et réquisitions; lesquelles réquisitions, par lui déposées sur le bureau de la Cour et signées de lui, sont ainsi conçues :

« Le Procureur général près la Cour des Pairs,

« Attendu qu'il résulte de l'instruction et des débats
« que, par la publication de l'écrit intitulé: *Relation his-*
« *torique des événemens du 30 octobre 1836. Le*
« *prince Napoléon à Strasbourg,* commençant par ces
« mots : *Vingt ans d'exil pesaient sur la famille de*
« *l'Empereur,* et finissant, aux pièces justificatives, par
« ceux-ci : *Telle était ma manière de voir;* ledit écrit
« imprimé et publié, François-Armand-Ruppert Laity
« s'est rendu coupable, dans le cours du mois de juin
« dernier,

« 1° De provocation à l'attentat ayant pour but de
« détruire ou de changer le Gouvernement; ladite pro-
« vocation non suivie d'effet;

« 2° D'une attaque contre le principe ou la forme du
« Gouvernement établi par la Charte de 1830, tels
« qu'ils sont définis par la loi du 29 novembre 1830;
« ladite attaque ayant pour but d'exciter à la destruction
« ou au changement du Gouvernement;

« Attendu que ces faits constituent les attentats à la

« sûreté de l'État prévus et réprimés par les articles 1er
« et 5 de la loi du 9 septembre 1835, l'article 1er de la
« loi du 17 mai 1819, l'article 1er de la loi du 29 no-
« vembre 1830 et l'article 87 du Code pénal;

« Requiert qu'il plaise à la Cour déclarer François-
« Armand-Ruppert Laity coupable desdits attentats à
« la sûreté de l'État; lui faire application des peines
« portées par les articles 1er et 5 de la loi du 9 sep-
« tembre 1835, ci-dessus cités, et fixer, à raison des
« condamnations pécuniaires qui seraient prononcées,
« la durée de la contrainte par corps conformément aux
« articles 40 et 7 de la loi du 17 avril 1832;

« FAIT à l'audience publique de la Cour des Pairs,
« le 9 juillet 1838.

« *Le Procureur général du Roi,*

« Signé FRANCK CARRÉ. »

« Après avoir entendu Laity, assisté de Mes Delangle
et Michel (de Bourges), ses défenseurs, dans leurs
moyens de défense, et après en avoir délibéré;

« En ce qui touche les moyens d'incompétence proposés;

« Vu l'article 28 de la Charte constitutionnelle ainsi
conçu :

« La Chambre des Pairs connaît des crimes de haute
« trahison et des attentats à la sûreté de l'État, qui seront
« définis par la loi. »

« Vu les articles 1er et 5 de la loi du 9 septembre 1835,
ainsi conçus :

ARTICLE 1er.

« Toute provocation, par l'un des moyens énoncés en

« l'article 1er de la loi du 17 mai 1819, aux crimes
« prévus par les articles 86 et 87 du Code pénal, soit
« qu'elle ait été ou non suivie d'effet, est un attentat à
« la sûreté de l'État.

« Si elle a été suivie d'effet, elle sera punie confor-
« mément à l'article 1er de la loi du 17 mai 1819;

« Si elle n'a pas été suivie d'effet, elle sera punie de
« la détention et d'une amende de 10,000 à 50,000 fr.

« Dans l'un comme dans l'autre cas, elle pourra
« être déférée à la Chambre des Pairs, conformément à
« l'article 28 de la Charte.

ART. 5.

« L'attaque contre le principe ou la forme du Gou-
« vernement établi par la Charte de 1830, tels qu'ils
« sont définis par la loi du 29 novembre 1830, est un
« attentat à la sûreté de l'État, lorsqu'elle a pour but
« d'exciter à la destruction ou au changement du Gou-
« vernement.

« Celui qui s'en rendra coupable sera jugé et puni
« conformément aux deux derniers paragraphes de l'ar-
« ticle 1er. »

« Vu l'article 87 du Code pénal, qui définit l'attentat dont le but sera, soit de détruire, soit de changer
le Gouvernement ou l'ordre de successibilité au trône,
soit d'exciter les citoyens ou habitans à s'armer contre
l'autorité royale;

« Attendu que le fait au sujet duquel la Cour des
Pairs a été convoquée, par l'ordonnance du Roi du
21 juin dernier, est qualifié d'attentat à la sûreté de
l'État par les textes de loi sus-énoncés;

« Que dès lors, aux termes de l'article 28 de la Charte

constitutionnelle, la Cour des Pairs peut en connaître;

« Attendu qu'il appartient à la Cour des Pairs d'apprécier si les attentats qui lui sont déférés rentrent, par
leur gravité et leur importance, dans la classe de ceux
dont elle doit se réserver la connaissance;

« Attendu que, par son arrêt du 28 juin dernier, la
Cour a déclaré que l'attentat à la sûreté de l'État, qualifié par le réquisitoire du même jour, présente les caractères de gravité qui doivent déterminer la Cour à en
demeurer saisie;

« Par les motifs énoncés audit arrêt;

« Dit qu'il n'y a lieu de s'arrêter aux moyens d'incompétence proposés;

« Au fond :

« Attendu que François-Armand-Ruppert Laity est
convaincu d'avoir, dans le cours du mois de juin 1838,
commis un attentat contre la sûreté de l'État par l'impression, la publication et la distribution d'un écrit intitulé : *Relation historique des événemens du 30 octobre 1836*, commençant par ces mots : *Vingt ans
d'exil pesaient sur la famille de l'Empereur,* et finissant, aux pièces justificatives, par ceux-ci : *Telle était
ma manière de voir ;* ledit écrit contenant, 1° une provocation, non suivie d'effet, au crime prévu par l'article 87 du Code pénal; 2° une attaque contre le principe ou la forme du Gouvernement établi par la Charte
de 1830, tels qu'ils sont définis par la loi du 29 novembre 1830; ladite attaque ayant pour but d'exciter
à la destruction ou au changement du Gouvernement.

24

« Vu les articles 7, 20, 28, 29, 36, 47 du Code
pénal et 26 de la loi du 26 mai 1819, ainsi conçus :

ART. 7 du Code pénal.

« Les peines afflictives et infamantes, sont :

. . . .

« 5° La détention.

ART. 20.

« Quiconque aura été condamné à la détention sera
« renfermé dans l'une des forteresses situées sur le
« territoire continental du Royaume, qui auront été
« déterminées par une ordonnance du Roi, rendue dans
« la forme des règlements d'administration publique.

« Il communiquera avec les personnes placées dans
« l'intérieur du lieu de la détention ou avec celles du
« dehors, conformément aux règlements de police éta-
« blis par une ordonnance du Roi.

« La détention ne peut être prononcée pour moins
« de cinq ans ni pour plus de vingt ans, sauf le cas prévu
« par l'article 33.

ART. 28.

« La condamnation à la peine.... de la détention....
« emportera la dégradation civique. La dégradation ci-
« vique sera encourue du jour où la condamnation sera
« devenue irrévocable, et, en cas de condamnation par
« contumace, du jour de l'exécution par effigie.

ART. 29.

« Quiconque aura été condamné à la peine....de la
« détention..... sera de plus, pendant la durée de sa

« peine, en état d'interdiction légale ; il lui sera nommé un
« tuteur et un subrogé-tuteur pour gérer et administrer
« ses biens, dans les formes prescrites pour les nomi-
« nations des tuteurs et subrogés-tuteurs aux interdits.

ART. 36.

« Tous arrêts qui porteront la peine de.... la déten-
« tion.... seront imprimés par extrait.

« Ils seront affichés dans la ville centrale du départe-
« ment, dans celle où l'arrêt aura été rendu, dans la
« commune du lieu où le délit aura été commis, dans
« celle où se fera l'exécution et dans celle du domicile
« du condamné.

ART. 47.

« Les coupables condamnés....à la détention....
« seront, de plein droit, après qu'il auront subi leur
« peine, et pendant toute la vie, sous la surveillance de
« la haute police. »

ART. 26 de la loi du 26 mai 1819.

« Tout arrêt de condamnation contre les auteurs ou
« complices des crimes et délits commis par voie de
« publication, ordonnera la suppression ou la destruc-
« tion des objets saisis ou de tous ceux qui pourront
« l'être ultérieurement, en tout ou en partie, suivant
« qu'il y aura lieu pour l'effet de la condamnation.

« L'impression ou l'affiche de l'arrêt pourront être
« ordonnées au frais du condamné.

« Ces arrêts seront rendus publics dans la même
« forme que les jugemens portant déclaration d'absence. »

24.

« DÉCLARE François-Armand-Ruppert Laity, coupable d'attentat à la sûreté de l'État;

« Crime prévu par les articles 1er et 5 de la loi du 9 septembre 1835, 1er de la loi du 29 novembre 1830 et 87 du Code pénal, déjà cités;

« CONDAMNE François-Armand-Ruppert Laity à cinq années de détention et à 10,000 francs d'amende;

« ORDONNE qu'après l'expiration de sa peine il restera, pendant toute sa vie, sous la surveillance de la haute police;

« Le condamne, en outre, aux frais du procès, desquels frais la liquidation sera faite conformément à la loi, tant pour la portion qui devra être supportée par le condamné que pour celle qui doit demeurer à la charge de l'État;

« Ordonne la suppression et la destruction des exemplaires déjà saisis de la brochure intitulée : *Relation historique des événemens du 30 octobre 1836*, ainsi que de tous ceux qui pourront l'être ultérieurement;

« Et, conformément aux dispositions des articles 7 et 40 de la loi du 17 avril 1832, fixe à une année la durée de la contrainte par corps qui pourra être exercée à raison des condamnations pécuniaires prononcées par le présent arrêt;

« Ordonne que le présent arrêt sera imprimé, publié et affiché partout où besoin sera, suivant le mode déterminé par la loi;

« Ordonne que le présent arrêt sera exécuté à la diligence du Procureur général du Roi, et qu'il sera lu et notifié au condamné par le greffier en chef de la Cour. »

Immédiatement après la prononciation de cet arrêt,
M. le Président lève l'audience.

Signé PASQUIER, *président ;*

E. CAUCHY, *greffier en chef.*

COUR DES PAIRS DE FRANCE.

AFFAIRE LAITY.

TABLE DES MATIÈRES
CONTENUES AU PROCÈS-VERBAL DES SÉANCES RELATIVES
AU JUGEMENT DE CETTE AFFAIRE.

cureur général, p. 124. — Elle est prononcée par la Cour, p. 138.

VOTE *sur la mise en accusation,* a lieu à la majorité absolue des voix, p. 136; — *touchant la culpabilité ou la peine,* a lieu à la majorité des cinq huitièmes des voix, déduction faite de celles qui doivent se confondre pour cause de parenté ou d'alliance, p. 154.

FIN DE LA TABLE DES MATIÈRES.